首 位 在 西 方 讲 授 瑜 伽 和 冥 想 的 人　让 全 世 界 人 驻 足 聆 听 的 灵 性 导 师

《瑜伽经》权威解释

现在开始练习瑜伽

（印）辨喜 著
冀文珍 译

Yoga

古　典　瑜　伽　　梵　我　合　一

中国华侨出版社
北京

译 序
辨喜：20世纪最耀眼的流星

辨喜，现代世界的主要奠基者、印度伟大的民族英雄、全球化时代最早的亚洲思想家、第一个在西方讲授瑜伽和冥想的人，无数大师、伟人和人们眼中的圣人。他的生命旅程就像一颗流星，虽然短暂，却散发出耀眼的光芒。从1893年参加世界宗教会议到1902年在加尔格达去世，他在世界舞台上活动的时间十分的短暂，但是，他却在这短短的时间里大放异彩。

辨喜原名那兰特拉纳特·达特（Narendranath Datta），法名斯瓦米·维韦卡南达，辨喜是他的法名的意译，这个名字是他自1893年出国后才使用的。

1863年，辨喜出生于加尔格达，他的父亲是加尔格达高等法院的一位律师，受西方文化影响很大，母亲则信仰印度教，家中条件还算富有，属于刹帝利（武士）种姓。（注：种姓制度是雅利安人进入印度之后创立的。“种姓”这个词儿是从梵语“Varnā”翻译过来的，它的原来的字义是“颜色”或“品质”。照他们的说法，肤色白的雅利安人是品质高贵的种族，深色皮肤的达罗毗荼(Dravida)族和其他土著民族是品质低贱的种族。这种制度原来是用以划分雅利安人和非雅利安人的界限的。后来随着工作和职业的分化的发展，本来用以划分雅利安人和非雅利安人的种姓差别，也在雅利安人自己中间起了反映，于是有四姓四个种姓的划分。最高的种姓是婆罗门(Brāhmana)，是掌握祭祀文教的僧侣阶级，到后来婆罗门也可以当国王；其次是刹帝利(Ksatriya)，是掌握军政的国王和武士阶级；其次是吠舍(Vaisya)，是商人、手工业者，也有从事农耕的农民阶级；最下的种姓是首陀罗(Sūdra)，是农人、牧人、仆役和奴隶。前三者是雅利安人，后者是非雅利安人。各种姓有它的世袭的职业，不许被婚姻混乱，尤其严禁首陀罗和别的种姓混乱。小时候的辨喜十分的顽皮，对骑马、摔跤和游泳十分感兴趣。从小时候开始，辨喜就表现出他后来的一些特性：积极主动、追求卓越、热爱独立思考、永不满足等等。在和他同龄的孩子中间，他仿佛是一位天生的领袖。

然而，进入青年时代的辨喜立刻发现自己进入了一个两难的境地，一方面，他受西方文化的影响比较深。1883年，他毕业于印度加尔各答省立学院，第二年又转入市立学院攻读法律。大学期间醉心于西方哲学和逻辑学，曾把斯宾塞的《论教育》和《基督的模仿》译成孟加拉文，接受了无神论思想。学院的院长这样评价他道：“特拉纳特是一位天才，我走过这么多地方，从没遇见这么有才华的青年，哪怕是在德国的大学里，他日后必定能成为一位巨人。”

然而，另一方面，他却又对印度的传统和伦理十分注重，非常敬仰印度的圣人。从很小的时候起，他就有了一些神秘经验预兆，这成为他后来生活的一部分。最初，他参加了当时颇有影响的梵社的宗教和社会改革活动，但因该社“只能自助而不能助人”而退出。他对灵性的渴望一直没有得到满足。

于是，他决心去拜访加尔格达那些有名的灵性导师，他问这些导师：“你们见过神吗？”他当然不会满足于那些回避或者虔诚的声明，他需要的是一个明确的答案，但是，这个答案没有人能告诉他。直到他遇见了那个人，那个改变他一生，也改变无数人一生的人，他的上师——室利·罗摩克里希那。

1881年的某一天，辨喜在几位朋友的陪同下从西门进入室利·罗摩克里希那的房间。罗摩克里希那仿佛看到了注定能把他的福音传遍全世界的人，情不自禁，泪流双颊，说道：“你姗姗来迟！怎么忍心让我如此苦苦等待。我的耳朵几乎听不到凡俗之人的聒噪。我多么盼望把我的心思吐露给能感受我内心深处体验的人。”接着，罗摩克里希那站在辨喜面前，两手交叉，开始向他讲道：“主，我知道你是古代的圣贤那罗(Nara)——那罗延天(Narayana)的化身，投生世间是为了消除人类的苦难的。”

关于这次见面，辨喜自己回忆道：

我想:“他真是一位伟大的上师吗?”我轻轻地走近他的身边,并问他那个在我心中已经很久的问题:“先生,你见过神吗?”罗摩克里希那对我说:“是的,我见神就和我在这里见到你一样,只是我用一种更加强烈的意识。”“神可以被我们所认识,人们可以和神交谈,就像我们现在之间交谈一样,但是谁会关心这些呢,人们为了自己的妻儿、财富而泪流满面,可又有谁为了神这样去做呢?”他的这一席话深深地震撼了我,我第一次遇见说自己能见到神的人,我感觉他不是一般的宣教士,而是一位真正省悟的导师。

很快,他又再次访问罗摩克里希那,对于第二次访问,辨喜后来回忆道——

我发现他(指罗摩克里希那)独自坐在一张小床上,看到我很高兴,亲切地叫我坐到他的身边……但一眨眼的工夫,把他的右脚放在我的身上,这使我立即产生一种新奇的体验。我睁开眼,看着墙壁和房间中的一切正快速旋转并且消失到虚无之中,整个宇宙连同我个人都正消融到裹挟一切的虚无之中!我非常恐惧,想到我将面临死亡,因为个人的消失意味着一切的消失。我情不自禁地叫道:“您对我干了些什么?我父母尚健在!”他听了我的话,笑声朗朗,轻轻地抚摸我的胸说:“好了,现在可以平息了。一切都会及时

到来的。”他一说完这句话，我的新奇的体验便即刻消失了。我的神，我和我的身体重新合一，我又回到了我自身，并且发现屋内屋外都与以前一模一样，没有变化。

又过了几天，辨喜第三次访问室利·罗摩克里希那，这次他心头所有的疑虑都没有了，不久后，他就正式成为了罗摩克里希那的弟子和朋友。（注：罗摩克里希那，印度近代最著名的宗教改革家（Rmakrishna Paramahsa）原名竭达陀尔·查特吉。生于孟加拉一个贫穷的婆罗门家庭，幼年丧父，与其兄在加尔格达附近达其内斯瓦尔时母庙出家为僧。17岁时担任祭司职务，此后终身从事印度教的改革和宣传活动。从未受过系统的教育，其宗教知识大都从印度民间学者的口授而得。他善于以民间寓言和幽默谚语阐述自已的宗教和哲学思想。罗摩克里希那继承印度传统的吠檀多“不二论”思想,认为世界的最高本质是无形式、无属性的梵，即绝对存在，万物皆为梵的显现。他在印度教的基础上提出“人类宗教”的思想，认为世界上各种宗教所信仰的神都是同一个实体，只不过名称不同；各种宗教的目的都是一致的，都是要达到人与神的结合，实现普遍之爱和美好的生活。他主张不同宗教信仰的人联合起来。他死后，其弟子辨喜在加尔格达建立“罗摩克里希那传教会”。目前，这个传教会不仅在印度各地，而且在东南亚和日本、英、美等国都有活动中心。）

尽管罗摩克里希那来自偏远的孟加拉农村，并且是个文盲，但他打破不同教派藩篱而着眼本质的传奇性的灵性实践，以及对深奥哲学深入浅出的理解和阐述，让辨喜深深折服。罗摩克里希那的出现，使辨喜的人生开始发生重要的转变。

辨喜21岁那年，他的父亲去世了，这时的他正在上大学，由于父亲的离世，家庭开始变得贫穷，入不敷出。为了找工作，他受尽社会的冷眼和歧视，他经常一个人流落街头。他说："我差点被饿死，我赤脚从一个地方走到另一个地方，亲自领受到了什么是世态炎凉。这是我第一次走入现实生活，我发现这个世界简直没有穷人、弱者和遗弃者的落脚之地，创造这个世界的简直是魔鬼。"

大学毕业后，他原本想做一名法官，然而，在老师的影响下，他决心献身于印度的宗教和社会改革运动。

1886年到1893年，辨喜作为一名托钵僧，开始在印度全境内云游。最开始，他的云游是短期的，从1890年开始，他连续过了三年的云游生活，而且远离了之前的朋友和伙伴。这七年的生活对他的一生有着非常深远的影响。

这七年中发生了各种各样的趣事，他在后来的演讲中总是时不时地提到，在他成为世界名人后，那些他遇见过的人很多也纷纷写文章回忆与他的相遇。他在印度境内的云游历程达几千公里，而且基本上是徒步。他的身上基本上不带钱，完全靠遇见的人供养他。这七年里，他渐渐地了解了各种人，从挣扎在生死线上的贫穷农夫到富裕的王子，从只为生计劳碌的底层百姓到伟大的圣哲，从北方群山和沙漠里生活的人到南方热带生活的人。后来，一位传记作家如此写道：“这是一次伟大的起程，如同一位潜水员跳进印度洋，海水淹没了他的踪迹。如同海面的漂浮物一样，他只是印度千百个托钵僧中的一个。但是，天才之火在他心中燃烧。他是一位圣者，尽管这一切尚未显现。”

在开始云游时，他就已经感觉到自己将成为一位伟大的导师，让印度的灵性再生。然而，云游让他看到了真实的印度：人们极度贫困，英国人和印度上层种姓对下层种姓种种迫害，他明白他一生工作的关键应该是大众教育和社会福利。

1892年12月末，他被各种问题困扰了三天，那时他云游到了印度最南端的科摩罗，在那里他冥想了三天，他预感到非常有必要提高印度穷人的生活水准。同时，他认为更重要的是西方确实需要学习亚洲世界的灵性。过了几个月，他到达马德拉斯。他梦见导师罗摩克里希那轻易地越过海洋向他召唤。这时，一些热情的年轻人开始为他的云游筹款，他从一个公主那里得到了一大笔的捐助。这时，人们隐约得知在美国的芝加哥有一个宗教会议要召开，尽管不知道具体的日期，但是，他决心一定要去参加这次宗教会议。

这将是一次载入史册的旅行，1893年5月31日，他从孟买上船，取道中国和日本，前往北美。他在加拿大的温哥华上岸后，于7月30日乘坐火车抵达芝加哥。

到达芝加哥后，他才得知宗教会议将在9月11日召开，没有官方介绍信，任何人都不能作为代表注册，而且，代表注册的时间也已经过了。也就是说，他必须依靠所剩不多的费用等待两个月。

为了节省开支，辨喜前往生活费用较低的波士顿，在那里结识了哈佛大学的希腊文教授怀特（J. H. Wright）。当怀特得知辨喜不能作为正式代表与会的情况，就给他的朋友，世界宗教会议的代表遴选委员会主席写信说道："此人比我们所有博学的教授加在一起还要博学。"并交给辨喜一封介绍信和一张去芝加哥的火车票。不幸的是，到达芝加哥后，辨喜将委员会的地址弄丢了。雪下得很大，天也快黑了，他只好在放行李的一个包装箱中度过了一夜。第二天开始沿街乞讨，又饿又累，坐在路边休息，这时对面的高楼中走出来一位妇女，带辨喜回了家，给他食物，并帮他联系上了宗教会议的人。

1893年9月11日上午10点，世界宗教会议正式召开。作为当天最后一位发言的人，他在演讲开头就说道："美国的兄弟姐妹们。"现场数千听众对这一开头反应非常奇特，人们报以长达两分钟的鼓掌和欢呼。

当时波士顿的一家报纸说道："人们见到了一个最吸人眼球的人——辨喜——他用一口流利的英语，回答所有人的提问——他在会议上的演说如同我们头上的天一样宽广。"

辨喜的演讲以其开阔的心胸和精神信仰打动了与会代表，他成了宗教会议上最受欢迎的人。

随后，辨喜在美国做了"人类宗教"等演讲，受到了美国舆论界和学术界的高度关注，认识了许多著名人物。他会见虔信者，也和其他各种各样的人打交道。他总是留给人非常深刻的印象。1894年，他和当时的著名富豪约翰·洛克菲勒(John D. Rochfeller)会面就是一例。对于这次会面，一位见证者叙述道：

洛克菲勒多次听朋友说起有一位叫辨喜的神奇印度僧人，他几次被朋友邀请与辨喜见面。然而，因为种种原因，他每次都推辞了朋友们的请求。那个时候的洛克菲勒尽管还没有达到他人生中的财富之巅，但已经是一个十分强大和固执的人了，任何人都难以劝说他。

然而，有一天，尽管洛克菲勒还是不想见辨喜，但他却被一种莫名的冲动驱使着，直接来到朋友的家里，把打开门的管家推到一旁说，他想见那位印度僧人。进了起居室，不等禀报，径直走进相邻的辨喜的房间。

让洛克菲勒吃惊的是，坐在书桌后的辨喜头也没抬，似乎无视他的到来。过了一会儿，辨喜告诉了他许多除他自己之外别人都不知道的他过去的一些事情，让他明白他所积累的财富都不是自己的，他只是一个通道，他的职责是向世界行善——上帝给予他的一切财富是让他有机会帮助别人。

洛克菲勒对以这样态度和他说话的人非常恼怒，因为从来没有人敢以这种方式向他讲话，告诉他应该如何做事。他气冲冲地离开了房间，甚至连一声再见都没说。

但是，过了一个星期后，洛克菲勒不请自来，进入辨喜的房间。看到辨喜还与上次见面一样无视他的到来，就将一张纸扔在辨喜的书桌上，上面写着他向公共机构捐赠一大笔款的计划。然后，对辨喜说："好吧，现在你一定满意了吧！你应该为此好好感谢我。"

辨喜一动也不动，甚至都没有抬眼，他拿起那张纸，静静地读完后说："你应感谢我才对。"

这是洛克菲勒对公众福利的第一笔捐赠巨款。

在美国期间，辨喜游历各地，做了数十次演讲。但他感到如果不能吸引一批虔诚的信徒专心投入修炼，印度的哲学思想是不会在这里扎下根的。他便在纽约找了一个安静的地方免费教授。

在讲授过程中辨喜常常进入禅定状态，需要很久才能回神。辨喜教授学生们王瑜伽(Raja-Yoga)，并辅之以智瑜伽(Jnana- Yoga)的讲授。他特别强调一些修习瑜伽的必要前提，诸如简单而有节制的食物等物质需求和生活习惯、内心的清净、禁欲、不与恶人交往等。

辨喜的讲授活动受到热烈的欢迎，以致在极短的时间内，许多著名的物理学家、生理学家和心理学家都对王瑜伽极感兴趣。1895年6月，辨喜口授作品《王瑜伽》出版了，这本书受到美国知识分子的热烈追捧，出版几周后就再版三次。著名的心理学家，哈佛大学的威廉·詹姆斯(William James)教授为此特意赶到辨喜在纽约的寓所并由此成为他的热烈崇拜者，将辨喜视为吠檀多哲学的杰出体现者。

1896年，辨喜创立了纽约吠檀多研究会（the Vedanta Society of New York）。这是一个非宗派的组织，旨在传播和实践吠檀多思想，并将其原理应用到一切宗教中去，其口号是——宽恕共存，接纳一切宗教。不同宗教的人们都可以不用改变其信仰而登记为本会的成员。辨喜旨在为东西方思想交流搭建一个平台，他坚信西方的科学与东方的哲学会携起手来，因为最终东西方会融合在一起。他断言科学与吠檀多的结合是未来人类的理想。

这一年，辨喜在美国成功的消息传到了印度，他已经不再是一名云游四方，不为人知的托钵僧了，他在西方为印度所做的工作成为印度国内路人皆知的事情。

1897年，辨喜满载着巨大的荣誉回到祖国，整个国家都沸腾起来，人们以最高礼仪迎接这位英雄儿子，他在世界宗教会议上大获全胜并且在西方世界里传播吠檀多神圣理想，掀起了一场印度旋风，为祖国争光添彩。

1897年5月，辨喜召集他的道院兄弟和在俗兄弟开了一个会议，他告诉大家，如果没有一个组织，很多事情都难以坚持下去，他倡议组建一个以导师为名的协会，即罗摩克里希那修道会。罗摩克里希那修道会从此诞生，这是一个纯粹的以灵性和人道主义为宗旨的传道会，与政治无关。1898年初，修道院在加尔格达附近的贝勒开始动工，1898年12月9日，修道院建成完工。1899年1月，修道士们迁往新址，即著名的贝勒道院，也是罗摩克里希那修道会的总部，今天，这里依然是印度最主要的教育和宗教中心之一。罗摩克里希那修道会也成为印度最受尊敬的组织之一，除了宣扬导师有益于人类的教训，并与印度不同宗教建立友谊，实现“人类宗教”的理想，该教会还切实帮助了很多贫苦阶层解决生活困难，以及扫盲等。

在此期间，由于长期的旅行和高强度的工作，辨喜的身体几乎到了崩溃的边缘，他得了严重的哮喘病。

1897年6月，辨喜再度出访西方。第一次访问西方时，辩喜为西方高度发达的物质文明、组织效率和科学成就所震撼，对美国和欧洲表面的民主很是欣赏。但第二次访问却留下了相反的印象。他发现了西方对财富与权力的贪得无厌和自我扩张中的残酷的竞争。他看到一种潜在的悲剧，在对能量的不自然消耗掩盖之下的一种可怜的疲惫，一种轻浮面具之下的深层的悲哀。

辨喜一直想在喜马拉雅山寻找一个僻静的地方建立一所寺院，让来自东方与西方的信众能够在一种道友的精神气氛中共同修行。久寻未果，最后弟子们在距艾尔摩拉 (Almora)50公里、海拔6800英尺的地方选择了一块地，由此处可以观赏喜马拉雅山千年不化的雪景。1899年3月19日，导师罗摩克里希那生日这一天，“不二论”道院(Advaita Ashram)终于落成。为了方便来自世界各地、属于不同信仰的人们不受任何阻碍地开展他们的精神修习，辨喜特别规定，道院内不许设置任何圣像、神像或标志，也不进行任何宗教仪式。

1901年，两位来自日本的佛教徒来到道院邀请辨喜参加在日本的宗教会议，因为身体的原因，他没有接受邀请，但是，辨喜陪同他们去了菩提迦叶，这是辨喜最后一次去佛陀的觉悟之地，1886年，他的第一次独立朝觐之地也是这里。在辨喜的一生中，佛陀一直是他的灵感之源。

他的身体日渐不支，他明白自己的时间不多了。1902年的7月4日，他起得特别早，和往常相反，他独自去神殿冥想了三个小时，中午他没有独自在房间用餐，而是和道院的成员一起吃了午餐，下午，斯瓦米·斐玛南达和他外出走了走，两个人一起谈了很多，关于道院的未来，关于印度的兴衰等等。

晚上7点，神殿的宣告敬拜结束的钟声响起，他回到房间，并让门徒不要接近他。他冥想和念诵了一个小时，然后静静地躺在了床上，随从以为他在睡觉或者冥想，过了一个小时，他的手微微抖了一下，他深深的吸了一口气，两分钟后又深深的吸了一口气，然后，他停止了呼吸。他正好如自己预想的一样，活了39岁5个月零4天，没有活到40岁。

辨喜曾预言中国文化必将像“凤凰一样”获得新生，担负起“综合西方和东方”文化的伟大使命。1893年，辨喜前往美国参加在芝加哥召开的世界宗教会议，路经中国时访问了广州。当他看到广州一座寺庙的一面墙上镌刻着梵语经文时惊喜不已。

辩喜在他的言论和著作中经常提及中国，并给予了很高的评价。他说，中国人是孔子的门徒，佛陀的弟子，他们的道德是非常严格和高尚的。1894年，在伦敦的一次招行会上，辨喜公开发言："我曾经在中国和日本旅行。今天，中国虽然像一个无组织的团体，但是在它伟大的盛年时期，它拥有任何国家所不知的、最可羡的组织。我们称之现代的很多技巧和创造，在几百年甚至在几千年以前的中国人那里就已经使用了。"

辨喜曾说：

世界的苦难不能单靠物质力量来治疗，除非人性得以改变，否则，这种物质需要将会不断提高，从而苦难也将会不断地感受，因为，不管有多大的物质帮助，也不能彻底地救治人们的苦难，这个问题的唯一解决方法是要使人类变得纯洁。

辨喜的生命虽然短暂，但是却启发了无数人的生命，像流星一样照亮了人类的夜空。从参加宗教会议到去世，这短短的10年中间，他创建的道院今天已经成为印度最受尊敬的组织，在全世界拥有无数的成员，他的著作被翻译成十几种语言，在世界各地，大量学校、医院和公共建筑都以他的名字命名，他被无数人视为圣人，更是无数人眼中最伟大的灵性导师！

世界各国名人对辨喜的赞誉

默罕德斯·甘地（印度圣雄）

我已从头到尾通读了他的作品，看完它们之后，我对祖国的爱增加了一千倍。

（默罕德斯·甘地（1869~1948），尊称圣雄甘地，是印度民族主义运动和国大党领袖。他既是印度的国父，也是印度最伟大的政治领袖。他带领国家迈向独立，脱离英国的殖民统治。他的“非暴力”的哲学思想，也就是他说的“satyagraha”，影响了全世界的民族主义者和那些争取和平变革的国际运动。）

钱德拉·鲍斯（印度激进独立运动家）

他对牺牲毫无顾虑，他的活动永不停息，他的爱永无止境，他的智慧深远而丰富，他的情感激越迸发……我可以继续往下写几个小时，然而这样还是无法对这位如此伟大的人作出哪怕最小的公正评述。他是如此伟大，如此深奥，如此综合。在与真理直接交流方面，他是一位达到最高境界的瑜伽修炼者，他为提高人类的道德和精神修养奉献了他的整个一生。

他融合了东方和西方，宗教和科学，过去和现在。这就是他为什么伟大。我们的国民已从他的教导中获得空前的自尊、自立和自信。这就是我将要对他的评述。如果他还活着，我将跪拜在他的脚下。

（钱德拉·鲍斯（1897~1945），印度的激进独立运动家，政治和社会活动家，原印度国民大会党左派、印度民族解放运动的领导人之一，也是自由印度临时政府的领导人，以及印度国民军的最高指挥官。）

加瓦哈拉尔·尼赫鲁（印度第一任总理）

他根植于过去，充满对印度声望的自豪，然而在对待生活问题的方法上辨喜仍然是现代的，他是印度过去和现在的一种桥梁……他的到来，对消沉和低落的印度精神来说，像一副振奋剂，给她以自立的根基。

你能到哪里找到像他这样的一个人？学习他所写的作品，领会他的教导，如果你这么做，你将获得无限的力量。要充分利用通过他而喷涌的智慧、精神和激情之火的源泉！

（尼赫鲁（1889~1964）印度民族主义运动领导人，国大党领袖，印度独立后第一任总理（1947~1964）。）

巴尔·甘卡哈尔·提拉克（印度著名民族主义者）

辨喜是第一个高举印度教的旗帜来回应西方物质科学的挑战的英雄。正是他第一个肩负起在跨越边界的不同国家建立印度教的荣光这样一个令人惊叹的任务。而他，以他的博学、雄辩、热情和内心的力量，为这项任务奠定了牢固的基础。1200年前，善卡拉（Shankara）是唯一不仅宣扬我们宗教的纯洁性，而且把这一切完全付诸行动的伟大人物。辨喜就是一个具有这样价值的人。

（巴尔·甘卡哈尔·提拉克（1856~1920），印度著名民族主义者。）

拉达克里希南（印度前总统）

他体现了这个国家的精神。他是他的崇高理想及其实现的象征。这种精神通过我们信众的圣歌、我们智者的哲学和我们普通民众的祈祷表达出来。他是印度永恒精神的表达者和代言人。

（拉达克里希南，印度哲学家，政治家。曾担任迈索尔大学和加尔各答大学的哲学教授、安得拉大学和贝拿勒斯印度教大学的副校长、牛津大学斯波尔丁东方宗教和伦理学讲座教授。印度独立后，他曾担任印度驻苏联首任大使，印度共和国副总统和总统等职。）

英迪拉·甘地（印度前总理）

我特别荣幸地听人们说起辨喜的作品、演讲和生活，那是当我还很小的时候，我可以说，在我们的政治工作中，正如在我们的日常生活那样，他的话语激励着我们的所有人。

（英迪拉·甘地（1917~1984），从1966年到1977年她任印度总理。她是印度第一位总理加瓦哈拉尔·尼赫鲁的女儿。）

斯里·奥罗宾多（著名哲学家）

辨喜是一种力量的灵魂，是人群中的勇猛狮子，但他留下来的有界限的工作与我们所能感觉到的他的创造性力量和能量是绝不可比拟的。我们感到他的影响力依然在发挥巨大作用，我们并不确切知道他的影响力怎样，以及在哪里，对一些尚未形成的事情，还有一些如狮子般强大、壮观、直观和剧变的事情注入印度的灵魂，我们说，“看，维威卡南达依然活在他的母亲和他的孩子们的灵魂中。”

（斯里·奥罗宾多，印度哲学家。印度早期民族解放运动领袖。）

基督·克里希那穆提（著名灵性导师）

我所追寻的上帝是无所不在的，我不准备去阿马那斯了。有人说我这样是不对的，我应该去的，因为辨喜上师也去过。

（基督·克里希那穆提（1895~1986）20世纪最卓越、最伟大的灵性导师之一，天生具足多样神通。被印度的佛教徒肯定为“中观”与“禅”的导师，而印度教徒则承认他是彻悟的觉者。）

阿瑟·列维林·巴沙姆（印度著名历史学家）

在整个印度历史中，辨喜将作为最重要的人物之一而被记住。自从在东南亚和中国游历的印度传教士传播佛教和印度教的时代以来，已超过一千多年，他是第一位印度宗教导师在印度之外做出这样的影响。

在世界历史的范围里，很难估价他的重要性。毫无疑问，他的重要性远远大于任何西方历史学家或者大部分印度历史学家在他去世的时代所提议的。自那时以来，随着岁月的流逝和许多令人震惊和想象不到的事件发生，在将要到来的几个世纪，尤其就亚洲来说，他将被作为现代世界的主要奠基者之一和作为整个印度历史中最重要的人物之一而被铭记。

（阿瑟·列维林·巴沙姆，印度历史学家，1985年9月被任命为加尔各达亚洲协会东方研究会的辨喜研究教授。）

瑟尔·约翰·伍德罗夫（美国著名东方学者）

我最敬佩辨喜的品质是他的活力、男子汉气概和勇气……他不仅说，而且行动。为此，所有人都必须尊敬他，他无论是成为他们自己的宗教信仰、价值、忠诚、真理和勇气，这些都是每一个高贵人物的象征。

（瑟尔·约翰·伍德罗夫（1865～1936），以他的笔名阿瑟尔·

阿瓦伦而闻名，是一位美国东方学者，他的作品有助于激发西方人对印度哲学和瑜伽练习的深厚和广泛的兴趣。)

拉宾德拉纳特·泰戈尔(印度著名诗人)

辨喜说，在每个人身上都有神力，神想要通过穷人来获得我们的供奉。这就是我所说的福音。这个福音从人类微小的自我中心那里指出一条超越所有自私束缚的、无限自由的道路。这既不是有关一个特殊仪式的布道，也不是强加于一个人外在生活的狭隘禁令。辨喜的福音标志着人类在他的完满方面的觉醒……如果你想要了解印度，那就研究辨喜。

(拉宾德拉纳特·泰戈尔(1861~1941)，印度著名诗人。)

罗曼·罗兰(法国著名作家)

他的话语是伟大的音乐，其语言气势仿佛是贝多芬的风格，激越的韵律又像亨德尔的进行曲。三十年来，每当我接触到他的这些话语时，我的身心像触电那样震颤。当前的印度领导：甘地、奥罗宾多和泰戈尔都是在天鹅(罗摩克里希那)和鹰(辨喜)双重星座的影响下成长、开花和结果——这是甘地和奥罗宾多都公开承认的一个事实。

每当碰触这些通过三十年前的书散播出来的话语，我就感受到好像身体触电那样的震颤。所有震颤、所有电流一定是从这位英雄的嘴唇中流出的火热话语所产生！

（罗曼·罗兰（1866~1944），法国著名作家，音乐评论家。）

威廉·詹姆斯（美国心理学之父）

所有一元论体系的典范是印度的吠檀多哲学，吠檀多主义传教士的典范是最近的辨喜，一些年前他曾访问我们的国家。我只是在英国读到辨喜的一些演讲，我还不怎么领会它们。这个人纯粹是演讲界的一个奇迹……他是人类的一个荣誉。

（威廉·詹姆斯（1842~1910）是美国心理学和哲学的先驱。他在年轻的心理科学、教育心理学、宗教体验心理学和神秘主义，以及实用哲学等方面写了极有影响力的著作。）

出版者序

五千年前，在古老的印度，高僧们为求进入心神合一的最高境界，经常僻居原始森林，静坐冥想。在长时间简单生活之后，高僧们从观察生物中体悟了不少大自然法则，再从生物的生存法则，验证到人的身上，逐步地感应身体内部的微妙变化，于是人类懂得了和自己的身体对话，从而知道探索自己的身体，开始进行健康的维护和调理，以及对疾病创痛的疗愈本能。几千年的钻研归纳下来，逐步衍化出一套理论完整、确切实用的养生健身体系，这就是瑜伽。

瑜伽（Yoga）一词，是从印度梵语yug或yuj而来，是一个发音，其含义为“一致”“结合”或“和谐”。瑜伽就是一个通过提升意识，帮助人类充分发挥潜能的体系。瑜伽体式运用古老而易于掌握的技巧，具有改善人们生理、心理、情感和精神方面的能力，是一种达到身体、心灵与精神和谐统一的运动方式。古印度人更相信人可以与天合一，他们以不同的瑜伽修炼方法融入日常生活而奉行不渝：道德规范、忘我的动作、稳定的头脑、宗教性的责任、无欲无求、冥想和宇宙的本然及创造。

近年在世界各地兴起和风行的瑜伽，不管是中国本土的“大师”，或者印度的“发源地大师”，再或是欧美的“洋大师”，他们传授的“瑜伽”大多跟瑜伽的宗旨背道而驰。之所以这么说，原因在于，这些人传授的不过是一套流行或时髦的健身运动而已，境界稍高一点的，也不过是为了身心的美好而服务，让人进行身心的修炼。而瑜伽的目的却不同，它认为人迷失在对身和心的执着和认同之中，把这个身心误以为是“我”，而这只是“真我”的外套和包装，是假我。要认出真我——灵性，才能明白一直以来的迷惑，才能真正超越生命的烦恼。

就如本书作者所说：人体的器官就像一匹马，思想就像控制马的缰绳，智慧就是一辆马车，灵魂是骑马者，人的躯体就是驾驭马车的人。如果马非常强壮，而且不受缰绳的摆布，马车却没有判断方向的能力，那么骑马人就会悲痛忧伤。但是，如果马，也就是器官，在缰绳，也就是思想的控制之下，马车就有判断方向的能力，那么，骑马人，也就是灵魂，就能达到目标了。不少人仅把瑜伽当做健身运动，却忽视了瑜伽更深刻的内涵——身、心、灵共修，使心灵回归真正的自我，达到完美境界。而这才是印度人眼中真正的瑜伽。

在印度，瑜伽是一种非常古老的能量修炼方法，集哲学、科学和艺术于一身。瑜伽的思想基础建立在古印度哲学上，数千年来，心理、生理和精神上的戒律已经成为印度文化中一个重要的组成部分。

古代的瑜伽信徒发展了瑜伽体系，因为他们深信通过运动、身体和调控呼吸，可以完全控制心智和情感，以及保持永远健康的身体。

练习瑜伽，第一堂入门课不是学习瑜伽姿势或者呼吸方法，而是要学习瑜伽的经典《瑜伽经》。练瑜伽，不读《瑜伽经》，就如同学佛而不读佛经，信基督而不读《圣经》，谈论儒家文化而不读《论语》一样。

《瑜伽经》是瑜伽学派的根本经典，为瑜伽先师巴坦加利所著，是每个修习瑜伽的人都应该知道的。该书大约成书于公元300年，而历史研究表明，在印度瑜伽于公元前3000年就有相关的修炼了。巴坦加利的伟大在于，他不加偏见地系统整理了当时流行的各种宗派，又结合古典数论的哲学体系，从而使瑜伽被印度正统哲学所承认，瑜伽也因此影响了印度的各种哲学而取得了印度文明的核心地位。

《瑜伽经》记载了古印度的大师们关于神圣、人、自性、物质观、身体、精神、梵文语音几乎所有范围的深邃的论述。《瑜伽经》指引瑜伽修行者完成性灵的旅程，书中充满对身心世界的探索，告诉人们最为根本的道德，书中的所有智慧并不能完全被后人解释，历代大师不断地撰写关于《瑜伽经》的书籍。瑜伽经的思想时时处处体现在瑜伽修行者的生活中。

《瑜伽经》由梵文写成，原文只有几千字，但微言大义，千百年来，仅在印度，就有众多的大师们对其进行过注解。《瑜伽经》的英译本也非常多，现存的就有数十种，但译法各有不同。目前，在国内也翻译出版了注解《瑜伽经》的书籍，但是都不够完美。

本书是辨喜讲解《瑜伽经》的讲授记录，作为印度近代的瑜伽大师，辨喜所讲解的《瑜伽经》无疑是同类书籍中最优秀的，这一点是毋庸置疑的。

本书通俗易懂，深入浅出地将瑜伽哲学阐释得淋漓尽致，让人读来意蕴无穷，如果你是一位瑜伽练习者，本书对你理解瑜伽的精髓有很好的帮助，让你得到更好的修炼效果，如果你不练习瑜伽，本书同样对你非常有益，它将让你认识瑜伽这一古老的哲学体系，丰富你的精神世界，让你获得身心的平静与和谐。

辨喜自序

在讲《瑜伽经》之前，我们应该先探讨一个大问题。这个问题对瑜伽修行者来说是整个瑜伽理论的基础所在。这似乎是世界上所有伟大思想家的共同观点，而且研究者们通过深入研究物理性质，基本证实了这个共识，那就是：我们是一个绝对状态产生的结果和显现，但这种绝对状态隐藏在我们目前生活的相对状态背后，而未来我们需要回归那种绝对状态。结论就是这样了，问题是，这两种状态哪种更好，是绝对状态还是目前状态？那些没有想法的人认为显现的状态就是人类最高级的状态。具有卓越才干的思想家们持有以下观点：我们显现的是一种无区别的存在，而有区别的状态高于绝对存在的状态。他们想象在绝对状态下不可能存在任何性质，一切事物都是麻木不仁，无聊且死气沉沉的。而我们能够享受的只有目前的状态，眼下的生活，因此我们一定要紧紧抓住并且珍惜目前的生活。

首先让我们来探求一下生命中别的解决方法。人类死后有一种古老的解决方法现在还在沿用。那就是人死后，他所有的善行减去他的恶行，剩下的东西会永远保留下去。逻辑上讲，这种解决方法的意思是一个人的目标是这个世界。这个世界会被带入到一种更高级的阶段，它净化了那些邪恶——那里就是天堂。这个理论，显而易见，既荒谬又幼稚，因为这种状态是不可能存在的。邪恶总是与善良同在，不存在没有恶的善或没有善的恶。生活在只有善良没有邪恶的世界里，就是印度逻辑学家们所谓的“空中楼阁”。

现代社会还流行一种理论。有几个学派这么主张：人类的命运在于不断进步，不断朝目标奋斗，但是永远达不到目的地。这个陈述，看上去冠冕堂皇，听起来很不错，但是也一样荒谬，因为运动着的物质的轨迹不可能是一条直线。每一个运动都遵循圆的轨迹。如果你拿起一块石头，朝上扔到空中，如果石头没有遇到任何阻力，那么石头会刚刚好落到你的手中，或者说回到它的出发点。一条直线，无限延长，最终将构成一个圆。因此这个理论：人类的命运在于不断前进，永无止境，也是无稽之谈。虽然这个例子看上去跟我要讲的没有直接联系，但是我想告诉大家的是，同样的道理，人类一定不能相互憎恨，而一定要互爱，因为物质运动的轨迹是圆，也就很简单地解释了这个道德理论。根据现代理论，电流离开发电机，完成圆的轨迹，然后又回到发电机。爱与恨也是一样的道理。无论怎样运动，最终都将回到出发的源头。因此我们万万不可以仇恨任何人，因为从你身上出去的仇恨最终一定会再回到你的身上。但是换个角度，如果我们爱护每一个人，那么最终这个圆圈结束的时候，我们将受人人爱戴。我们还可以肯定地是，如果我们憎恨别人，即使只是一丁点的憎恨，最终都会回到我们身上，并且没有什么能够阻挡它的回归。同样，我们爱心的每一次跳动最终也会回流给我们。

我们发现人类的永恒进步论在其他的和更为实际的证据下是站不住脚的，因为尘世间一切事物的归途末路就是毁灭。那么我们所有的奋斗、希望、恐惧和快乐，这些又有什么实际意义呢？最终我们都是要死的，没有什么比这个更为肯定的了。那么又怎么会存在一条直线让我们可以取得无限的进步？这样的运动轨迹只是从一个点出发，走出一段距离，然后回到它的出发点。看看太阳、月亮和星星是如何从星云中产生，之后如何分解，最终回到星云中去的。同样的事情到处都在发生。植物从泥土中获取了需要的物质，然后腐烂了，又变成泥土，落红不是无情物，化作春泥更护花。这个世界物质的构成形式各种各样，但它们都是由原子构成的，最终它们都将再次返回原子的状态。同样的法则不可能在不同的空间发挥作用不同。法则是不变的，统一的，这点我们可以绝对肯定。所以，如果是适用于大自然的法则，那么它同样适用于我们的思想。我们的思想最终也将溶化并且回归它的源头。不管我们是否心甘情愿，我们都将回归我们的源头，即所谓的神或绝对存在。我们都是来自于祂的创造，因而也注定会再回到那里。不管你如何称呼我们源头，神也好，绝对存在也好，或者本性也好，结果都是一样的。“宇宙由祂产生，生命在其中孕育，最终这些都将回归到源头。”这是不争的事实。大自然遵照同样的规则运行，一个空间里运行的规律在成千上万的空间里重复着，演绎着。你在这些星球上看到的东西，在地球上都会看到，人类也一样，其它一切事物亦然。大的波浪包含了很多很多的小波浪，也许有几百万或者更多。同样，整个世界的生命也是由数百万个小生命构成的，整个世界的死亡也必定伴随着数百万个小生命的死亡。

现在问题来了，要不要回归神那种比较高的状态？瑜伽学派的哲学家们给出的答案是肯定的。他们说人类目前的状态是一种退化，地球上没有任何一种宗教认为人类是一种进步。哲学家们普遍认为人类最初的时候是完美和纯洁的，但是之后便一直走下坡路，不断退化，直到没有退化的余地，因而最终会触底反弹，不断向上扬升完成圆圈，一个时代就到来了。圆圈是无论如何一定会形成的。不论人类堕落到多么深的低谷，最终都将辗转到向上的道路，回归最初的源头，即神。人最初是源于神，中间降格为人，最后又回归到神，这是将其以二元论形式表达出来。一元论认为，一开始人类就是神，并且再次做回自己。如果我们现在所处的状态是比较高级的，那么又如何解释我们现在有那么多恐惧与痛苦，为什么这样的状态还有个尽头呢？如果现在的状态是比较高级的状态，为什么这个状态会终结呢？腐败和堕落的状态不可能是最高的存在状态。但是为什么我们现在经历的状态是如此糟糕，如此不如人意呢？只有这么解释或许我们的生存状态才是情有可原的：我们将经过它达到一个更高的状态，我们一定要熬过这一阶段才能重生。将一粒种子放入泥土中，种子分解，融合在土地里，一段时间之后，变成了一棵参天大树。我们也是一样。我们越早脱离这种“人”的状态，对我们越好。但是，是不是说我们通过自杀结束自己的生命就能脱离这种状态了呢？断然不是。这只能把事情弄得更糟糕。折磨我们自己或者谴责这个世界并不是我们的出路。我们一定要穿越绝望的深渊，通过的越快对我们越有利。我们无论如何不能忘记，我们现在所处的人类世界并不是最高的存在状态。

真正难以理解的地方在于，我们称之为最高级的存在状态——绝对存在，并不是像有些人惧怕的那样，是由植虫类或者石头构成的。据这些人说，只有两种存在状态：一种以石头形式存在；另外一种是思想。他们凭什么将存在的状态局限为这两种？难道就没有什么东西高于思想，超越思想吗？当光的振动频率很弱的时候，我们是看不到的。当它们慢慢变强，我们的肉眼就能看到这些光线了。但是当光的振动频率不断变强时，我们又看不到它们了，眼前一片漆黑。但是这样的漆黑和起初的漆黑是一样的吗？肯定不是，它们像南北两极一样不同。那么石头的没有思想跟神的没有思想一样吗？肯定不一样。神从不思考，也从不推理。他为什么要思考，要推理呢？难道这世界还存在什么事情，是神不知道的，需要推理的？石头不能思考，神从不思考，这就是两者的不同。这些哲学家认为如果我们超越思想是非常可怕的，因此他们也并没有发现什么是可以超越思想的。

存在着超越理性的更高的生存状态。只有在知识和智力范畴外我们才能找到信仰生活的第一种状态。当你超越思想、智力和所有理性的时候，就迈出了朝向神的第一步——这也就是生命的开始。我们平常所谓的生命只不过是一种胚胎状态。

那么下一个问题就是：有什么证据可以证明在思想和理性之上的存在状态是最高级的状态呢？首先，世界上所有伟大的人，这里伟大的人并不是指那些口若悬河、滔滔不绝的人，而是推动了世界进步的人，从来不为自己谋半点私利的人，他们都宣称：此生不过是通向高高在上的无限彼岸的一个步骤。第二，他们不仅仅是嘴上这么说，而且向我们展示了遵循怎样的步骤和方法以完成这一升华过程，所有人都能追随他们的脚步。第三，没有选择的余地，没有别的解释了。想当然地认为我们所处的状态就是最高级最好的，如果事实真是这样，那为什么我们一直在经历这样的循环？又怎么解释这个世界的存在？如果我们到此为止了，不能前进了，如果我们对于不知道的东西不再好奇，不再有任何疑问，那我们的知识就将局限于这个感官世界。这实际上就是不可知论。但是我们又凭什么相信感官？它们提供的证据可信吗？如果一个人站在大街上，一动不动，然后就这么死去，那么我就承认他是真正的不可知论者。如果推理和判断可以解决一切问题，那么我们就必须不接受虚无主义。如果一个人只对沽名钓誉，只对金钱感兴趣，对其他的事情采取不可知论的态度，那么他仅仅是个十足的骗子。康德已经毋庸置疑地证明了，我们是穿不透那堵巨大的理性之墙的。但是印度人认为我们可以穿越这堵厚墙，这也是第一个迎难而上的想法。他们敢于探寻，成功发现了存在某种高于理性的东西，而对目前生活状态的解释也将最终找到。这就是研究瑜伽科学的价值所在——带我们超越这个世界。“您是我们的圣父，您将引领我们穿越无明的海洋，到达彼岸。”这就是所有瑜伽理论的精华所在，不为别的，只为走出无明。

目 录

第一章

静坐冥想

1

现在开始讲瑜伽。

2

瑜伽是控制心念（Chitta），不让它受到其他心念变体(Vrittis) 的干扰。

这里需要大量的解释。我们必须要知道心念是什么，心念变体又是什么。我有一双眼睛，但是让我看见东西的并不是眼睛，没有了大脑中的神经中枢，就算有眼睛，视网膜完整，视网膜上也可以成像，眼睛还是什么也看不见。眼睛只是辅助工具，并不是真正的视觉器官。真正的视觉器官在大脑的一个神经中枢里，只靠两只眼睛是不够的。有时候一个人会睁着眼睛睡觉，这时候有光线也有图像，但要看见东西还需要第三个条件，思想必须要和视觉器官同步。所以说眼睛只是外部工具，我们还需要大脑中的神经中枢和思想的参与。马车沿着街道轰隆而过，你却一点都没有听到。为什么呢？因为你的思想没有跟你的听觉器官同时运作。首先要有外部工具，其次是大脑中枢器官，然后要有思想把这二者联系起来。思想把看到的东西升华，然后传输给那个起决定性作用的机能，即对看到东西反应的智性（Buddhi）。在智性反应的同时产生自我意识。然后把行为和反应传输给真我（Purusha）——真正的灵魂，真我在行为和反应中感知到这个对象。

感官（Indriyas）、思想（Manas）、智性（Buddhi）和自我意识（Ahamkara）结合在一起组成了魂魄（Antahkarana）——亦即内在的机能。他们就是心念的一系列过程，然后心念的思想波动被称为心念变体（Vrittis），即字面上的心念漩涡。

思想是什么呢？思想如重力和斥力一样，是一种力。心念从大自然无尽的力中攫取了一些力，吸收掉它们，然后以思想的形式释放出来。我们通过食物获得力，然后我们的身体从食物中获得运动等的能量。其他的一些比较精微的力，发散出我们称之为思想的东西。所以我们就看到了，思想本身是没有智力参与的，它只是表现的像是有。为什么会这样呢？因为思想的背后是智慧的灵魂。灵魂是唯一有意识的存在形式，思想只是灵魂感知外在世界的工具。就拿这本书来说吧，它在外界其实不是以书的形式存在的，存在于外界的形式是未知的同时是不可知的。这个不可知给了思想一个暗示，然后思想就以书的形式做出反应，就像是朝水里丢一块石头，水就会以波浪的形式反应一样。真正的宇宙是思想对外界的反应形成的事件。

不管是书的形式、大象的形式还是人的形式，这种形式都不是其对外表现形式，我们所知道的一切都是我们对外界暗示的心理反应。“物质是感觉的永恒表现形式”，约翰·斯图亚特·穆勒如是说。物质仅是一种外部暗示。拿牡蛎来举个例子吧。大家都知道珍珠是怎么形成的。寄生虫爬进了牡蛎的壳里，牡蛎受到了刺激，就分泌出一种釉状的东西把寄生虫给包裹了起来，然后珍珠就形成了。对我们来说，经验到的宇宙就是我们分泌的釉层，也就是说，真正的宇宙是作为核心存在的寄生虫。平常人永远不能理解这些，因为当他试着理解这些时，他就放出了经验体系釉层，然后他就只能看到那釉层了。

现在我们就理解这些心念变体的意思了。真正的人在思想之后，思想是他手中的工具，而他的智慧贯穿了他的思想。只有你在思想背后作支撑时思想才会变成智慧，而当你弃之不顾时，思想就崩溃了，它就什么也不是了。这样你就明白心念的意思了吧。心念就是思想这些东西，而心念变体是外界原因加于心念时，心念产生的一系列波动和涟漪。这些心念变体构成了我们的宇宙。

我们看不到一片湖的湖底是因为湖面上满是涟漪。只有涟漪消散湖面平息时，我们才能瞥见湖底是什么样的。如果湖水一直很浑浊或者总是被搅动，我们就无法看到湖底。而如果湖水清澈，波澜不惊，我们就能看到湖底。湖底是我们的真我，湖是我们的心念，涟漪则是心念变体。此外，思想有三个表现状态，一个是黑暗的思想（Tamas），源于野蛮和愚昧之人，这种思想只会导致伤害，不会再激发任何其他的想法；另一个是活跃的思想（Rajas），其主要目的在于权利和享乐："我要很强大然后统治其他人"；最后一个是平静、安宁的思想（Sattva），在这种思想状态下，我们心灵之湖清澈宁静，波澜不兴。这不是说这种思想状态不活跃，而且恰恰相反，这种状态非常活跃。它是平静的力量最强有力的显现。要活跃很容易，撒开缰绳，就能如脱缰野马般狂奔了，随便找一个人都能做到这一点，但是只有那些能制止狂奔野马的人才是强者。哪个需要的力量更大呢？是放纵还是约束自己？平静的人不等于无趣的人，你千万不能把悦性理解成无趣或者懒惰。平静的人是能控制思想涟漪的人，活跃是较低力量的展现，而平静才是更高的力量。

我们的心念总是想回到它自然纯净的状态，但是感官却干扰了它。瑜伽的第一步就是要阻止干扰，抑制向外求的倾向，踏上重返智慧本质的旅程，因为只有这样，我们的心念才能处在正常的航道上。

尽管心念存在于每个动物中，不管是高等动物还是低等动物，但是只有在人类这里它才以智慧的形式存在。除非心念能以智慧的形式存在，否则它根本不可能通过一系列步骤回去解放灵魂。尽管狗和牛都有思想，但因为它们的心念还不能被我们称作智慧的形式存在，所以，它们不可能得到即身成就、当世解脱。

心念通常以下面这些形式存在：分散的，黑暗的，专注的。“分散”的形式是活跃，它趋向于以欢乐或痛苦来表现自己；“黑暗”的形式是无趣，它趋向于伤害他人。注释家认为，这两种形式中，第一种形式显然是神和天使（Devas）的，而第二种形式是魔鬼的。“专注”形式是心念努力向中心靠拢时的状态；“专注”形式把我们带入三摩地（Samadhi）的境界。

3

当心念专注的时候，真我（Purusha）安住在本然状态。

水波一旦停息，湖面恢复平静，我们就能看到湖底了。思想也是同样的道理：当思想平静时，我们看到了我们的本性，而不会把自己和那些思想的干扰混淆在一起，我们就能如其所是。

4

否则（不专注的时候），我们便会受到心念变体的干扰。

例如，有人责备我，这就对我的思想产生了一个干扰，一个心念变体，我就认同了这个干扰，结果我就很痛苦。

5

有五种思想干扰物，有一些引发痛苦，有一些则不会。

6

它们分别是正知，谬误，分别，睡眠和记忆。

7

直接认知，推论加上有效的证词就构成了正知。

当我们有两个互不冲突的认知时，我们就把这叫一个证据。我听说了一些事情，如果这件事和我已经知道的某件事情有冲突的话，我就不会相信这件事，并开始努力忘掉这件事。一共有三种证据。第一种是直接认知（Pratyaksha），如果没有什么东西迷惑你感官的话，你看到的和感觉到的东西就是证据。我看到了这个世界，这就是世界存在的证据。第二种是推论（Anumana），你看到了一个迹象，然后你从这个迹象里推理得到了它所表明的东西。第三种是尊者的证词（Aptavakya），也就是明白真理的瑜伽士的直接认知。我们都努力获取知识，但你我必须更努力，经历一个冗长而乏味的推理过程之后方能获取到知识。而瑜伽士，这个纯净的人，根本就不需要这些。对他来说过去、现在和将来都像他要读的一本书一样，他不需要像我们一样必须经历一个冗长的过程来获取知识，他说的话本身就是证据，因为他从自己身上获取知识。就拿这些神圣经典的作者来说吧，这些经文本身就是自己的证据。如果现在还有这样的人活着，那他们的话就是证据。另一些哲学家对“尊者的证词（Aptavakya）”进行了长期的讨论，他们问道：“那些作者拿什么来证明他们的话呢？他们的依据是什么啊？”依据就是他们的直接认知。因为只要不和过去获取的知识冲突，我看到的东西就是证据，你看到的东西也是证据。有些知识超越了感官，但只要它合乎情理，不和人类过去的经验相冲突，知识本身就是证据。疯子可能会走进这个房间，然后说他看到四周天使围绕，这话就不是证据。因为首先，这不是真实的知见；其次，它不能和以前的知识相冲突；再次，它依赖于说这话的人自身的品性。有人说，说话人的品性对他说的话没有那么重要，我们首先必须听听他说了些什么。在其他事情上可能是这样，一个人可以很邪恶但仍然做出了伟大的天文学发现。但对宗教而言完全不是这样，因为一个思想不纯的人根本就没有能力了悟真理。

因此，我们首先应该看到那个自称尊者（Apta）的人，是不是一个完全无私的圣人；其次，看他是否已经超越了感官的局限；第三，他说的话是否不违背人类已获得的知识，真理的任何新发现不会和已存在的真理相冲突，而应该与之相符；第四，这个真理是可以验证的，如果一个人说，“我看到了一个神示”，然后告诉我说我无权看到，那么我不会相信他，因为如果这是真的，每个人都必须有权亲眼看到；最后，没有尊者会贩卖自己的知识。成为一个尊者必须满足下列条件：首先，这个人很纯净，没有自私的动机，淡泊名利；第二，他必须证明他有过超越感官的经历，他必须告诉我们一些我们无法通过自己的感官得知的事情，这些事情是为了造福世界；第三，我们必须确保他的话不和已存在的真理相冲突，一旦存在冲突，我们要立刻否决它；第四，这个人不能是特异的人类，他应该表现出所有人都可以达到的境界。那这三种证据就是直接认知，推论和尊者的证词。我不能把尊者（Apta）翻译成英语，它不是“受到启发的人”，因为大家认为灵感来自外部，而这里的知识则来源于自身，字面上它的意思是“达到的人”。

8

谬误是没有建立在真正天性基础上的错误的知识。

下一种心念变体是把一件事情错认为另一件事情，比如说，把一块珍珠母贝壳错当成一块银子。

9

分别源于那些不对应现实的话。

另一种心念变体叫做分别（Vikalpa），有人说了一个词，我们没有停下来思考它是什么意思，直接就得出结论。这是心念的弱点。现在你能理解控制心念的理论了吧。一个人的意志力越薄弱，他就越不能控制自己。永远要用那个标准来检查自己。当你要发火或者伤心难过时，想一下这是为什么，你得到的一些消息是怎么影响改变你的思想，使之转化成心念变体的。

10

睡眠是包含了空性的一种心念变体。

接下来谈的这种心念变体是睡眠和梦。我们醒了以后知道自己刚才在睡觉，我们只能对我们感知到的事情有记忆，我们永远不会记起我们根本没有感知到的事情。对外界的反应如同湖面的波纹一样，我们睡觉的时候，如果思想里没有产生波动，那也就没有那些不管是积极的还是消极的感知，因此我们就不会有这些事情的记忆。我们记得睡过觉的唯一理由在于，睡觉时，思想里有一定形式的反应波动。记忆是又一种心念变体。

11

当感觉到的东西（的心念变体）没有被大脑遗忘（并通过印象又回到你的意识之中时），就产生了记忆。

记忆可以来自于正见、谬误、分别或睡眠。比如说，你听到了一个词，那个词就像一块石头丢入了你的心念之湖，它会产生一个涟漪，然后那个涟漪连带着引起了一连串的涟漪，这就是记忆，就算是睡觉时也是如此。当睡眠这种特殊的思想波引发心念产生一连串的记忆时，我们把这叫做梦。梦在我们醒着的时候以记忆的形式存在。

12

这些心念变体通过修行和不执着（Nonattachment）可以控制它们。

思想要做到不执着，就必须要清晰、善意并且理性。为什么我们要修行呢？因为我们的行动就像搅动湖面上的水波一样，水波消失了以后还有什么呢？是因果业力（Samskaras），是印迹。当大量的这样的印迹留在脑海中时，这些印迹会合起来形成一个习惯。有人说习惯是人的第二天性，它其实也是人的第一天性，人的本性——人本身就是习惯作用的结果。这话可能给了我们些许安慰，因为如果是习惯的话，我们可以随时形成习惯和戒除习惯。因果业力是这些流过我们脑海的波动造成的，每一个波动都会产生结果 。而这些印迹集合在一起就形成了我们的性格，我们的性格反映的是思想中占了上风的那些波动。如果好的印迹占了上风，这个人就好；而如果邪恶的印迹占了上风，那这个人就表现为邪恶；是愉悦的印迹占了上风，这个人就变得快活高兴。治愈坏习惯的唯一方法就是再养成一个好习惯。让养成的好习惯来掌管坏习惯留下来的印迹。坚持做好事，坚持神圣的思想是唯一能压制先前印迹的方法。永远别说一个人没希望了，因为他只是代表了一个性格，一堆习惯，这些都是可以用新的好的性格和习惯替代的。性格就是重复的习惯，而重复的习惯也是可以重塑性格的。

13

修行就是持续努力，完美地控制心念变体。

修行是什么呢？修行就是努力控制心念形式的思想，不让它心生波澜。

14

心怀对最终目标的热爱，长期坚持不断地努力，这样，修行的基础就会稳固。

控制心念不是一蹴而就的事，要长期不断努力地修行。

15

不执着是指对看到的或听到的事物无所求，放下控制的欲望。

我们做事的动因有二：一是我们看待自己的方式；二是从别人处得到的经验。这两种动机让思想之湖常起波澜。克己（Renunciation）就是与这些干扰斗争，进而约束思想的力量。放弃这两种动因是我们想要达到的。我正穿过一条街，一个人冲过来抢走了我的手表。这是我自己的亲身经历，我亲眼看着这件事发生，这立刻让我的心念起了震动，心念转为愤怒。不要让这样的事情发生，如果你不能抑制自己的愤怒，你就什么都不是，而如果你可以，你就有了超脱（Vairagya）。同样的，那些追逐名利的人用经验告诉我们，感官的享受是最高理想，这些诱惑力是相当大的，能抵制住它们的诱惑，不让思想被它们干扰，就是克己。控制住来自我自己及他人的经验这两个动因，进而防止心念被它们所左右，就是超脱。

我应该控制这两个动因，而不是为之所控，这种精神力量叫做克己。而超脱是通向自由的唯一道路。

16

不执着发展的最高境界，甚至放弃了对“德”的渴望，展现了真我的真实本质。

当我们因不执着甚至放弃了对“德”的兴趣时，我们就达到了不执着的最高境界。我们必须首先了解真我是什么、“德”又是什么。根据瑜伽哲学，人类的原始状态包括 “三德”，或者又叫“三性”或“三力”，它们分别是惰性（Tamas）、激性（Rajas）和悦性（Sattva）。这三种力在现实生活中表现为黑暗或者休止，吸引或者排斥，以及这两者之间的平衡状态。物质世界中显现的万事万物都是这三种力的组合或再组合。根据数论哲学，物质世界被分为不同的种类，但真我不在其列，真我是超越人类原始状态的。它是光辉灿烂、纯净而完美的。我们在物质世界看到的所有智慧的表现，都是真我在自然状态的投射。物质世界是没有知觉的。但你必须记得，“物质世界”这个词也包括想法。想法属于物质世界，思想也属于。从思想下至物质的最原始形式，一切都属于物质世界，一切都是物质世界的表现。物质世界遮蔽了人的真我。当剥去了物质世界的层层外壳，就现出了真我的光辉。第 15 节中将不执着描述为克己，它对真我的显现最有帮助。下一节将三摩地（Samadhi）定义为完全的专注，这也是瑜伽士的目标。

17

所谓正知的专注（即三摩地 Samadhi 其意为“禅定”）伴随着推理、分别、极乐和完全的自我。

三摩地可以分为两类：有余三摩地（Samprajnata）和无余三摩地（Asamprajnata）。有余三摩地中包含了所有控制物质世界的力量，它可以分为四类。第一类叫做有寻三摩地（Savitarka），你不停地冥想一个事物，把它同其他的事物分离开来。数论派（Samkhya）的二十五谛中，分为两类冥想对象，它们分别是：24 种物质世界无知觉的对象和有知觉的真我。这部分的瑜伽完全建立在数论哲学的基础上，在以前已经讲过了。如你所记得的一样，自我意识、意志和思想有一个共同的基础，即心念，这三者都是由心念产生的。心念吸收了物质世界的各种力，以想法的形式将它们投射出来。那肯定还有力和物质合二为一的情况，这种情况叫未显化（Avyakta），是创造出想法之前物质世界的未显现状态。在完成了一次由物质世界到想法的轮回后，物质世界回到未显化状态，然后，又从这个状态，开始了下一次的轮回。超越这个轮回的是真我，即智慧的本质。

知识就是力量。我们一旦开始了解一件事情，我们就会从这件事情上得到力量。同样的道理，思想一旦开始冥想这些不同的元素，它也从这些元素里得到力量。这种以外在的粗糙的元素为思考对象的冥想称之为有寻三摩地，寻（Vitarka）的意思是疑问，有寻（Savitarka）的意思就是带着疑问。这种三摩地暗示了对元素疑问的探寻，在一定程度上让对之冥想的人从中获得力量。获取力量的过程是有限定的，它所追求的是今世的享乐，而今世是没有真正的乐可享的。所以一切对享乐的追求都只是徒劳无功。这已经是一个老生常谈的问题了，可人类却很难理解这一点。当他真正理解了这个道理后，他就能从天地万物中解脱出来，获得真正的自由。获得所谓的超自然的力量只会增强物欲，最后徒增煎熬。身为一名科学家，巴坦加利（Patanjali）势必要指出他的瑜伽科学的可能性、合理性，但他同时也不遗余力地告诫我们远离这些力量。

同样的，在这个冥想的过程中，当一个人努力地把这些元素从时间和空间中剥离出来，而专注于这些元素本身时，我们把这叫做无寻三摩地（Nirvitarka），即无疑问的三摩地。当这个冥想再进一步，把精微元素（Tanmatras）作为冥想对象时，我们把它称之为有伺三摩地（Savichara），即有分别的三摩地。进一步的，当一个人在这个冥想中，抽离时间和空间而全心思考精微元素本身时，被称作无伺三摩地（Nirvichara），即无分别的三摩地。

在下一步中，这些元素，不管是粗糙的还是精微的，都不再是思考的对象，思考的对象转向了内部器官、思维器官。当我们认为思维器官丧失了功能，既不能感觉到活跃也不能感觉到迟钝，我们就进入了欢喜三摩地（Sananda）的阶段，或者说极乐三摩地的阶段。当思想本身成为冥想的对象，冥想非常成熟和专注的时候,所有物质是粗糙或是精微的想法都被抛开，只有自我的欢喜的状态从所有其他的对象中保留下来，这种阶段叫做自存三摩地（Asmita Samadhi）。达到这种三摩地的人就获得了《吠陀经》中所说的“无身（bereft of body）”的境界。能进入这一阶段的人可以想象自己已经脱离了粗糙肉身的牵绊，但他必须想象自己有了一个精微的肉身。在这一阶段与物质世界相融合但并未实现最终目标的人，叫做Prakritilinas（意为最初的欢乐），而到了这一阶段仍不停止继续向前的人将实现最终目标——自由。

18

还有一种三摩地，是通过不断修行，暂停所有的脑力活动，使心念只保留未显化的印象而得到的。

这就是完全超意识的无余三摩地（Asamprajnata Samadhi），我们在这一状态能得到自由，而在第一种状态（有寻三摩地）不能得到自由，灵魂不能得到解放。一个人可以得到所有力量，但还是无法达到最终目标。除非灵魂超越了物质世界，否则解脱是没有保证的。这从方法理论上看很简单，但实践起来却很困难。方法理论是：以思想本身为对象进行冥想，不管来的是什么念头，都把它抑制下去，不让任何想法进入思想，进而使思想陷入一种放空的状态。我们真正能做到这一点的那一刻，我们就得到了解脱。但如果人们没有经过训练没有准备就贸然尝试把思想放空的话，他们很有可能只是走进另一种状态，把自己陷入惰性（Tamas）之中，即愚昧之中，使得自己的思想变得迟钝、愚笨，还让他们误以为已经做到了思想一片空明。而要想真正做到那点，需要展现出最强大的力量和至高的控制力。

当达到无余三摩地或者说超意识状态时，就进入了无种子三摩地（Asamprajnata）阶段。这是什么意思呢？这句话的意思是说，在有意识的时候集中了精神，思想只是成功地缓和了心念变体的活动，把它们压抑了下去，它们还是存在的，只不过是以潜伏的势力存在。这些势力，或者说种子，一旦有了机会，还是可以再次活跃起来掀起波澜。但当你以几乎摧毁思想的代价而彻底断灭了这些势力时，三摩地就成了无种子三摩地。思想里再也不会有这些势力或种子，也就没有办法一次又一次地助长生命之树，也就不再有生生不息的生死轮回了。

你可能会问什么状态才是无思、无识呢？事实上，我们所称的知识跟超知识相比，是一个比较低级的状态。你必须时刻记得，极端的情况往往看上去都很相似。以太的极轻微的震动以黑暗的形式表现出来，而中级的震动以光的形式出现，高度的震动则又回到了黑暗的状态。同样的，无知愚昧是最低级的状态，知识是中级状态，而超知识才是最高级的状态。而无知和超知识这两个极端看上去是很相似的。知识自身则是一个派生出来的东西，一个组合，它并不是一个实体。

持续不断实践这种高阶的专注会是怎样的结果呢？所有那些烦躁和迟钝的旧势力都会断灭，好的势力也会消失。这跟那些用来清除金矿石中杂质的化学药剂是类似的原理。当金矿石被融化了之后，那些杂质也随着化学药剂一起燃烧掉了。就这样，这个持续不变的控制力将会断灭先前的坏势力，然后最终让好势力也一并消失了。这些好势力和坏势力互相毁灭之后，最后只剩下了光辉的灵魂，不受好坏的限制，它无所不在、无所不能、无所不知。然后这个人就会了解他现在既不受生死的约束，也不需要天或地，他没有前行也没有后退，真正运动的是物质世界，运动只是灵魂上的投射。被摄像机投射到墙上的光在运动着，那堵墙荒谬地以为自己在运动。我们也是这样：实际上是心念在不断运动，变幻出各种各样的形式和变体，而我们却误以为自己就是这些不同的变体。但所有的这些幻象最终都会消失的，当自由的灵魂命令我们时——注意，是命令我们，而不是祈祷或祈求——它所希望得到的一切都将立刻得到满足，而它想做的任何事情都能做到。

按照数论哲学，神是不存在的。该哲学首先认为，宇宙中应该没有神，因为如果有神的话，他应该是一个灵魂，而灵魂要么是受约束的要么就是自由的。如果灵魂是受约束的，那一个受到物质世界约束或控制的灵魂怎么能创造呢？它本身还是一个奴隶呢。而从另一方面说，自由的灵魂为什么要创造、控制万物呢？它本身无欲无求，所以根本不必创造所有这些东西。其次，数论哲学认为，有神论根本就没有必要，物质世界就可以解释一切了，要有神论有什么用呢？但是卡皮拉（Kapila古印度学者）认为，实际中是有很多个灵魂的，这些灵魂差一点就能达到完美的状态了，但就因为不能够完全的放下所有的力量而功亏一篑。这些灵魂的思想一度与物质世界相结合，为了成为主宰又再度出现了。这些灵魂就被称之为神。这样的话，我们就都可以成为神了，根据数论哲学，《吠陀经》中所说的神实际上就是这些自由灵魂之一。宇宙中再没有一个能超越它们、永远自由并被祝福的造物主了。

另一方面，瑜伽士认为："不是这样的，神是存在的，在所有这些灵魂中，有一个独立于其他灵魂之外的大灵魂。它就是永恒的造物主，永远的自由之灵，一切老师的导师。"但他们也承认，数论中说的"与物质世界的结合"也是存在的。尽管在没能达到最终目标的一段时间内，这些瑜伽士还是宇宙一些地方的统治者，但他们都是没有修行完满的瑜伽士。

19

这个三摩地，如果没有不执着做基础，就会成为众神再现和众神与物质世界相结合的原因。

印度哲学系统中的众神代表了被各种各样的灵魂依次就职的特定的高等官职。但他们没有一个是完满的。

20

对其他人来说，这个三摩地是通过信念、能量、记忆、专注和对现实与非现实的区别而实现的。

这些人指的是不愿意做神，甚至不愿意做轮回统治者的灵魂。他们得到了解脱。

21

对那些意愿强烈的人来说，进入这种三摩地是很快的。

22

瑜伽士们因采取的方式或温和、或中等、或极端而各不相同，其成功也各异。

23

这种三摩地也可以通过对自在天(Isvara，指最高统治者)的信仰而实现。

24

自在天(最高统治者)是一种特殊形式的真我，不会被悲伤、行动及其后果和欲望所影响。

我们必须再次记住，巴坦加利的瑜伽哲学是建立在数论哲学基础上的，二者的区别是数论哲学中没有神的位置，而瑜伽修行者认为神是存在的。但是，瑜伽士们避开一些有关神的观点，比如神的创造，瑜伽士的自在天可不是指作为造物主的神。根据《吠陀经》，自在天就是宇宙的创造者，因为宇宙的和谐性，它必须是唯一意志的显现。瑜伽士们也想确立一个神，但他们的神是根据他们特殊的风尚而建立。他们认为：

25

在他人身上只表现为一个胚芽的知识，在自在天身上却表现为无限大。

思想总是在两个极端之间游走。你可以想象一个有限的空间，但是一个恰好的想法也可以带给你无限的空间。闭上眼睛，想象一个小圆圈，你感觉到这个小圆圈的同时，也会感觉到这个圆圈的外围可以有无限多的圆圈。时间也是相同的道理。试着想象出一秒钟，在你感觉这一秒的同时，你会想象到无限的时间。知识也是如此。知识在一个人身上只是一个胚芽，但是你必然想象到它周围无限的知识，我们思想的构成告诉我们存在着无限的知识，瑜伽士们称无限的知识为“神”。

26

自在天不受时间的限制，甚至是古代先师们的导师。

所有知识都在我们之内，这是不争的事实，但它必须被另一种知识激发出来。了解事物是我们与生俱来的能力，但这个能力需要被唤醒。瑜伽士们坚信，内在的知识只能通过另一种知识引发出来。无生命、无觉知的事物是不能激发知识的，只有知识的力量才可以引发知识。智慧的存在必须与我们同行才能唤醒我们内在的知识，所以老师总是必不可少的。没有他们根本就不可能有这个世界，也根本不可能有知识。自在天就是所有为师者的导师，因为所有的老师，不管他们曾经有多伟大——即使是天神或者天使——也不可避免会受到时间的限制，只有自在天是永恒的。

瑜伽士们有两个很奇特的推论。第一个推论认为，在对有限事物的思考中，思想必须考虑到无限的事情，如果对这二者的领悟其中一个是正确的话，另一个也一定是正确的。得出这个推论的原因是瑜伽士们认为，思想感知的价值是相同的。正是人类知识的有限性显示了神拥有无穷无尽的知识。如果我能接受其中一个事实，为什么我不能接受另一个呢？如果我相信一个人只有有限的知识，那我就必须承认，这个人的背后肯定有其他人拥有无穷的知识。第二个推论认为，没有老师也不会有知识。如现代哲学家们所说，人身上有些东西是逐渐进化而来的。人本身已经拥有了所有的知识，但必须要特定的环境把它们激发出来，没有老师，就不可能激发出知识。尽管人类、天神、天使都可以作老师，但他们都只能存在于有限的时间里。

他们之前的老师又是谁呢？瑜伽士们认为，存在着不受时间限制的老师，这位拥有无限知识且无始无终的老师，就是自在天。

27

表示神的那个词叫 Om。

你脑中所有的思想都有一个词与之相对应，这个词和这个思想是不可分割的整体。一件事情外在的部分表现为一个词，而其内在的部分就是我们所说的思想。没有人能通过分析就把词和其对应的思想分开。那个所谓的语言是由人创造出来的（几个人坐在一起斟酌字词）说法已经被证实是错误的。事实上自人类存在以来，就有语言和文字了。

思想和词之间有什么联系呢？尽管我们已经看到一个思想必须要对应一个词，但不一定这个思想就只能对应这一个词。可能这个思想在二十个不同的国家都存在，但其对应的语言是不一样的。我们必须用一个词来表达一个思想，但是这些词并不需要有同样的发音。发音在不同的国家也各异。一个注释家解释道：“思想和词之间的对应是自然而然的，这并不意味着思想和发音之间必须有一个死板的联系。”发音不同，但发音和思想之间的联系则是自然的。只有当声音符号和其代表的事物之间存在一个真正的联系时，思想和发音之间的联系才是合理的，也只有这个时候，这个声音符号才能广泛应用。声音符号就是要表示的那个事物的代表物，如果要表示的那个事物已经存在，通过经验，我们知道这个声音符号已经用来表示那件事物很多次了，我们就可以确定它们之间存在着一个天然的联系。即使这个事物现在不在这里，大家通过声音符号也知道是它。声音符号和要表示的事物之间必须有一个自然的联系，这样我们听到声音符号，立刻就能想到它代表的事物。

巴坦加利说，代表神的那个词叫 Om。在代表神的数百个词中，为什么他偏偏要强调这个词呢？一个思想可以对应很多个词，神也对应成百的词，每个词都能成为神的象征符号。这样很好。但这些词中必须有一个能概括所有词的词，存在一些底层基础，能概括所有这些符号共同点的东西；那个能成为通用符号的东西必须是真正代表他们，同时最能代表他们的。要发出声音，我们得用喉和腭作为声音的共振板，有没有一种元声音，其它所有声音都是因它而来？有没有一种最自然的声音？ Om（aum）这个音就是，它是所有声音的基础。第一个字母 a 是根音，也是发音的关键所在，发音时根本不用动到舌头或触碰腭。m 代表了一系列音中的最后一个音，是一个闭口音，u 这个音则要将声音共振板从根部卷起来才能发出来。所以 Om 代表了整个的发音现象。因此，它就是最合适的那个象征符号，也是各种不同声音的母体。它表示了所有能发声的词的范围及它们可能的发音。

除了这两条推论，我们可以看到 Om 这个词集中了印度不同的宗教思想，还包括了《吠陀经》里各种各样的宗教思想。但这和美国、英国或其他国家有什么关系呢？其实很简单：这个词在印度宗教发展的各个阶段一直被保留下来，并且用来表示所有和神有关的思想。一元论者、二元论者、单一二元论者、分离主义者，甚至是无神论者都使用 Om 这个词。Om 已经成为大多数人类对宗教渴望的象征符号。就拿英语中的 God 这个词来说吧，这个词的功能是有限的，如果超越了这个范围，你就必须加上形容词来让它变成人格化、非人格化或绝对化。其他语言中的神也是如此，它们的意义是非常有限的。只有 Om 这个词，集中了不同的意思，这也是它应该被每一个人接受的原因。

28

反复念诵 Om 这个词，并冥想它所代表的意思，是修行的方法。

为什么要反复念诵呢？我们没有忘记因果业力的理论吧，过去的印迹会存在于我们的思想之中，它们可能会潜藏得越来越深，但它们会一直潜伏在那里，并且一遇到合适的条件刺激，就会再次显现出来。那种原子的振动从未停止过。宇宙被毁灭的时候，所有的大的振动都消失了，太阳、月亮、星星和地球都化为乌有了，但是振动在原子中仍然存在。每一个原子都起到和原来那些大的振动一样的作用。所以当心念中的振动消退了以后，其原子内的振动还在继续进行，一旦得到外界的条件刺激，这些振动就会再次显现出来。

我们现在明白反复念诵的意义了吧，这是对精神上因果业力最大的条件刺激。“与神共处一刻，则足以建起穿越生命海洋之舟”——这就是联结的力量。反复念诵 Om 并冥想思索其意义就如同思想上得到良师益友一般。学习，然后冥想学过的知识，这样你才能受到启发，真我才能得到显化，当然前提是你也必须得想着 Om 和它的含义才行。

不要结交坏朋友，因为人心里都有一些旧伤疤，坏朋友就是那些能把伤疤揭开的人。同样的，我们通常也被告诫要结交良师益友，因为他们可以唤醒潜藏在我们内心的那些善因。世界上再也没有比结交益友更圣洁的事情了，因为这样，善因就可以浮现出来了。

29

通过反复念诵 Om 及冥想其含义，可以内省并消除障碍。

反复念诵 Om 并冥想其含义的第一个效果是越来越彰显出内省的力量，所有精神上的、肉体上的障碍都开始逐渐消失。对于瑜伽修行者的障碍是什么呢？

30

疾病、精神懒惰、怀疑、缺乏热情、无感觉、依赖于感官的享受、错误感知、精神不集中、从获得的状态中退转，这些就是让人分心的干扰因素。

疾病：我们的身体是承载我们驶向生命海洋彼岸的渡船，我们必须好好照顾它，不健康的人不能成为瑜伽士。精神上的懒惰会让我们失去对事物浓厚的兴趣，没有了兴趣，我们就既没有意愿也没有力量去修行了。不管一个人对瑜伽理论有多信服，他思想中都会产生对瑜伽科学真实性的怀疑，直到他自己有一些奇特的超自然体验，比如说遥听或遥视，这样的一瞥或一听加强了思想的信念，让修习者坚持不懈。从获得的状态中退转：持续练习了某些天或几周，思想很平静很容易集中精神，这样你就会发现自己进步很快。然后，突然有一天这种进步停止了，寸步不前，你觉得自己好像搁浅了一样。此时要坚持不懈，所有的进步都是起起落落的。

31

悲伤、精神压力、身体发抖以及不规律的呼吸都是伴随着注意力不持久而来的。

每次练习集中注意力都会让精神和肉体得到最好的休息。但是当练习的方向有误或者你不能很好地控制自己的思想时，就会出现上述的干扰。反复念诵 Om，对上主完全地臣服，这样可以加强思想的注意力并带来新鲜活力。几乎每个人都会经历因紧张而导致的身体发抖，完全不要理会这些，继续练习，让练习缓解这些问题，让你坐姿稳固下来。

32

要纠正上述的情况，你应该朝着一个特定的目标进行练习。

在一个阶段内，让思想有一个特定的目标可以消除上述的那些障碍。这是一个概括性的建议。在接下来的经文中，我们会把它扩展开来详尽地讲。因为同样的练习方法不一定适用于每一个人，所以可以采取各种各样不同的练习方法，每个人都可以通过亲身练习找到最适合自己的练习方法。

33

针对高兴或悲伤、善良或邪恶的对象，分别采取友善、慈悲、喜乐和冷漠，这样可以帮助平息心念。

我们必须持这样四种态度。我们必须对所有人都表示友好，对身处不幸的人慈悲，当别人高兴时我们也应该高兴，而当别人心怀恶意时，我们要冷漠。面对所有来到我们面前的事物都要如此。如果这个对象很善良，我们必须对其友善；如果这个对象很不幸，我们必须对其慈悲；如果它很善良，我们应该为之高兴；如果它很邪恶，我们应该对它冷漠。对不同事物采取不同的态度可以帮助思想平静。我们生活中有很多困难都是因为我们不能这样控制思想而造成的，例如，一个人对我们做了坏事，我们马上就会想反击，任何对邪恶的反击都显示我们不能够让心念平静下来，心念因为客体而波动起伏，我们随之失去了力量。任何以邪恶、仇恨表现的回应对思想都是一大笔损失，但对任何一个邪恶的想法、仇恨的行为或任何反击的念头，只要我们控制住了它们，就会反过来对我们有益。我们约束自己不但不是失败，而且会有我们根本就想不到的无穷无尽的收获。每次我们降伏了自己仇恨或愤怒的情绪，很多对我们有益的善能量就储存起来，这些善能量可以转化成更高形式的力量。

34

通过呼气和控制呼吸，也可以平息心念。

我们用普拉那（Prana）这个词。普拉那不仅仅指呼吸，它是弥漫于宇宙的能量的总称。你在宇宙中看到的任何东西，宇宙中任何移动的或运行的或者是有生命的东西，都是普拉那的一种表现形式。宇宙中所有能量的总称叫做普拉那。一个轮回开始之前，普拉那会以一种几乎静止的状态存在，轮回开始时，它才逐渐地显露出来。普拉那会以动能的形式存在，比如人类或动物的神经系统运动就是普拉那的一种表现，同时，这个普拉那也以思想或其他东西的形式表现出来。整个宇宙就是普拉那和阿克夏（Akasa，以太）的结合体，人体也是。从阿克夏中，你得到你感觉到和看到的不同物质，而从普拉那中，你得到各种各样的力。这种呼出和控制普拉那的行为，被称作调息（Pranayama）。

瑜伽哲学之父巴坦加利没有给出很多关于调息的特别指导思想。但后来的瑜伽士们发现了很多关于调息的方法，并把它发展成了一门伟大的科学。在巴坦加利的理论中，调息是练习瑜伽的一种方法，但他并没有特别强调它。在他的理论里，调息很简单，就是你呼一口气，再吸一口气，憋着这口气保持一会儿，仅此而已，通过这个你的思想会变得稍微平静一点。但是你会发现后来，就在这个的基础上，演化出了一门特殊的科学，叫做调息。我们会学一点后来的瑜伽士们讲的东西，其中一些我在以前已经告诉过你们了，现在重复一下帮助你们加深印象。

首先，你要记住普拉那不是呼吸，但它引起呼吸运动的产生，普拉那是呼吸的活力所在。其次，普拉那这个词可以用于所有的感官，它们都可以称为普拉那，思想也可以说是普拉那的一种。由此可知普拉那是一种力，但我们不能把普拉那称为力，因为力只是普拉那的一种表现。它是一种以力和其他动能为表现形式的能量。心念、思想就是发动机，从其所在的环境中吸收普拉那，并从中生产出各种各样的生命力——这些生命力会保持身体活力，以及思想、意志和所有其他的力量。通过上述的呼吸过程，我们能够控制身体内各种各样的运动，还控制穿梭于身体内的不同神经流。首先我们开始认识它们，然后我们慢慢地掌握它们。

现在，根据后来的瑜伽士们的理论，人体内有三种主要的普拉那流。一个叫做左脉（Ida），另一个叫做右脉（Pingala），第三个叫做中脉（Sushumna）。根据他们的理论，右脉位于脊柱的右侧，而左脉位于脊柱的左侧，中脉位于脊柱的中央，是一条中空的管道。后来的瑜伽士们认为，左脉和右脉，是在每个人体内运行的神经流，我们通过它们来实现所有的生命机能。而中脉有一种可能，虽然在每个人体内都存在，但只有在瑜伽士们的身上才会发挥作用。你必须得记住，瑜伽会改变身体，随着你持续地练习，你的身体会起变化，它不再是你练习以前的那个身体。这个是合理并且能够被解释的。在一定程度上，我们每次有了一个新的思想，这个思想就会在大脑里开辟一条新的通道。这就解释了为什么人的本性中有非常严重的保守主义思想。人的本性是喜欢沿着已经走过的轨迹前进，因为这样比较容易。比方说，如果我们认为思想是一根针，而大脑就像它面前的一堆柔软物，那么，我们的每个思想都好像在大脑上形成对应的一个沟回。这个沟回会闭合，但大脑灰质形成一个层把沟回分隔开来。如果没有脑灰质的话，就不会有记忆，因为记忆是重温这些原有的沟回，回顾一个思想的本来面目。现在你可能已经注意到了，当一个人谈论一个话题时，他使用了每个人都比较熟悉的一些想法，他在谈论时，结合并重组那些想法，每个人也都能很容易就听懂他讲的内容，因为每个人的大脑里都有那些想法对应的沟回,他们只需对号入座就可以了。而当大家开始讨论一个新话题时，就必须在大脑中开出新的沟回，大脑还没有准备好，所以这个就不好懂。这就是为什么大脑（是大脑，而不是人自身）会无意识地拒绝跟随新思想采取行动。它会抗拒。普拉那试图开新的沟回，大脑不让这样做。这就是保守主义的秘密。大脑里的沟回越少，普拉那这根针开辟出来的通道越少，大脑就会越保守 它对新思想的抵抗也就会越强烈。这个人越是思考的多，他脑中的沟回就会越复杂，他就更容易接受新思想、理解新思想。这样，我们每接受一个新思想，我们就会在大脑里留下一个新印象，并在大脑中开出一条新的沟回。这就是为什么我们发现，在练习瑜伽（它是一套全新的思想和动机）的过程中，刚开始往往有很多身体上的抵触。这也是为什么我们发现宗教中涉及外在世界本质的那部分思想往往容易被广泛接受，而涉及人类内在本质的那部分思想——哲学或心理学——则往往被忽视。

我们必须记住我们对这个世界的定义，它只是无限的存有在意识层面上的投射。一部分的无限存有会投射到意识世界，这就是我们的世界。所以除了我们的世界，还有一个无限的世界，宗教必须同时考虑这两个世界。既要考虑称为“我们的世界”这一小块，也要考虑超越这个世界的无限世界。任何一个只考虑这两个世界之一的宗教都是有缺陷的。它必须两个都考虑。只考虑无限的一小部分的宗教，我们都很熟悉，因为这就是我们所在的世界，它是无限存有投射到意识世界层面而成的，它在一定程度上是无限存有困在了意识层面，困在时空、因果的牢笼中造成的，而我们从远古时代就有了关于这个世界的概念。考虑到无限的那部分宗教，对于我们则完全是崭新的，我们要了解这些就要产生新的沟回，扰乱了整个旧系统。这就是为什么你会发现在练瑜伽的过程中，刚开始一般人的生活习惯会被打乱。为了尽量减轻这些混乱，巴坦加利已经设计出了很多的方法，而我们只需找到最适合我们的练习就可以了。

35

那些能带来奇特的感官知觉的专注形式，可以带来坚持不懈的心念。

坚持不懈的心念通常伴随着凝神 (Dharana)，即专注而来。瑜伽士们认为，如果思想专注于鼻尖上，那么几天后，这个人就开始闻到美妙的芳香；如果专注于耳根，那么他会开始听到一些常人听不到的声音；如果专注在舌尖，他会开始品尝出无法言语的美味；如果在舌头的中央，他则感觉到自己开始能和一些事物交流；如果专注于腭部，他就开始看到奇特的景象。如果一个人的思想很混乱，一方面他想开始一些瑜伽练习，另一方面，他又怀疑瑜伽理论的真实性，那么，当他练习了一段时间后，他感觉到了这些奇特的体验，他将会打消疑虑，坚持不懈地练习下去。

36

或者（通过冥想）超越悲伤的辉煌之光，也可获得坚持不懈的心念。

这是另一种形式的意念集中法。想象心中有一朵莲花，花瓣向下，中脉从中贯穿而过。吸气，然后呼气，在呼气时想象花瓣开始向上，而莲花中有一道辉煌之光射出。冥想这个场景。

37

或者通过冥想已经放弃对感官享受依赖的圣人的心境，帮助自己坚持下来。

选一些圣人，一些你崇敬的伟人，你知道的一些已经完全不执着的圣人，然后想象他的心境。这颗心已经是不执着的了，你冥想这样的心境，可以帮助平息思想。但如果你做不到这个的话，可以试试下一个方法。

38

或者通过冥想你梦到的知识帮助自己坚持。

有时候一个人会梦到他看见了天使并与之交谈，这时候他处在一种狂喜的状态，还可以听到音乐漂浮在空中。当他醒了以后，这一切会给他留下一个深刻的印象。把这个梦想象成真实的，然后冥想这个梦境。如果你做不到的话，冥想任何让你感到愉悦的神圣之物。

39

或者通过冥想任何可以引人向善的事物，帮助自己坚持。

不要去冥想一个邪恶的对象，而是你喜欢的任何好的事物：你最喜欢的地方、你最喜欢的风景或者是你最喜欢的想法——任何能帮你集中意念的东西。

40

通过冥想，瑜伽士的思想已经到了不受小到原子大到无限的任何东西的障碍。

思想，通过这些练习可以很容易地深思从最微小到最巨大的事物。并藉此平息干扰思想的波动。

41

那些心念变体已经没有力量（被控制住了）的瑜伽士们，在接受者（灵魂）、接受的技能（思想）和接受的事物（外部对象）这三者之中，获得专注与合一，就如一块水晶对其面前不同颜色物体的反射一样。

我们从持续的冥想中得到了什么呢？我们必须记得在前面的经文中，巴坦加利教导我们怎样开始各个阶段的冥想：首先是冥想粗糙的对象，然后是精微的对象，在这些的基础上我们开始冥想更精微的对象。结果是我们冥想精微的对象和冥想粗糙的对象一样容易。这样，在冥想时瑜伽士们会明白三件事：接受者、接受的事物和接受的技能，分别对应灵魂、外在对象和思想。冥想给了我们三个对象：首先是粗糙的对象，如我们的肉身或物质对象；然后是精微的对象，如我们的思想，心念；最后是受限制的真我，不是指真我本身，而是自我意识。通过练习，瑜伽士可以在这三种冥想中有所成就。不管什么时候，只要他开始冥想，他就能摒弃其他杂念，他和冥想的事物合一了。他冥想的时候，其自身就像一块水晶，在花前面，水晶是和花合一的，如果花是红色的，水晶看上去也是红色的，如果花是蓝色的，那么水晶看上去就是蓝色的。

42

声音、意义和得到的知识综合在一起的三摩地被称为有寻三摩地。

这里的声音指的是振动；意义指的是传导振动的神经流；知识指的是对这些的反应。巴坦加利把迄今为止我们讨论过的各种冥想都称为有寻三摩地，即“有疑问的三摩地”。以后他会告诉我们越来越高层次的冥想。在这些被称作“有疑问的三摩地”里，我们保持了主体和客体的二元性，这是由于词、意义和知识的混合而造成的。首先是外在的振动——词，然后感官流把词向内传导，产生了意义，这之后，心念中会产生一个反应波，这个反应波就被称为知识，所以实际上我们说的知识是这三者的综合体。直到这里我们所有的冥想对象一直是这个综合体，下一阶段的三摩地是较高层次的三摩地。

43

当记忆被净化或者不再有实质，而只表达冥想对象的意义时，我们就进入了无寻三摩地（“无疑问”的三摩地）阶段。

通过对这三者（声音、意义和得到的知识）的冥想练习，我们进入了这三者没有混合的阶段，我们可以抛开它们了。首先我们要了解这三者是什么。先说心念吧，你要一直记得把心念比作湖的那个比喻，而振动、词、声音都是扰乱这个湖的波动。你心念之湖平静无波，我发出了“牛”这个词的音，它一旦进入了你的耳朵，就随之在你心念之湖里产生了一道波纹。这道波纹代表关于牛的这个想法、牛的形象或者我们理解的它所代表的意义。你所知道的外观上的牛其实是对内在和外在的声音振动反应而在思想中形成的思想波。没有了那个声音，那道波也就消退了，没有词，那道波就不可能存在。那你可能会问，我们只想到了牛而并没有听到“牛”这个音的情况是怎样发生的呢？这个时候，你自己给自己发了“牛”这个音。你思想中默念了“牛”这个词，然后导致了波的产生。没有声音的刺激是不可能有思想波的，当没有外在声音刺激时，一定有内在声音刺激，当声音消退了，波也就随之消退了。那它们留下了什么呢？反应的结果——知识。这三者在我们的思想中如此紧密地结合，我们根本就不可能把它们分开。有声音响起，你的感官振动，然后就有了反应波，它们三者紧密相连甚至不好分辨出来哪个是哪个。只有我们练习冥想足够久了以后，我们的记忆——这个容纳所有印象的容器被净化了，我们才可以很清楚的把它们一一分辨出来。这时候的状态叫做无寻三摩地，即“无疑问的三摩地”。

44

在此过程中，冥想对象更为精微的有伺三摩地和无伺三摩地也得到了解释。

这里又应用了和先前相似的程序，但是先前的冥想对象是粗糙的，而这里的冥想对象是精微的。

45

最精微的冥想对象是胜因（Pradhana）——无上本质。

粗糙的冥想对象是元素，所有东西都是由元素产生出来的。精微的冥想对象则从精微元素（Tanmatras），或者说精微粒子开始。精微冥想对象分类里包括被称之为胜因（无上本质）的器官、思想、自我、心灵素材（这是所有表现的原因）及惰性（Tamas）、激性（Rajas）和悦性（Sattva）三者的平衡状态，还包括原初物质或未显化的，只有真我（灵魂）不在其中。

46

这些三摩地都是有种三摩地。

这些有种三摩地冥想都没有彻底消除过去行为留下的种子，因此通过这个不能得到解脱，它们对瑜伽士们的影响在下面的经文中将会讲到。

47

在净化了的无伺三摩地阶段，心念就变得很坚定了。

48

通过无伺三摩地获得的知识被称为“完全真理”。

这一内容将在下面的经文中得到解释。

49

从例证和推论中获得的知识是关于普通冥想对象的知识。从刚刚提到的三摩地获得的知识是更高阶的知识，这种知识能够跨越推论和例证无法到达的地方。

其思想是我们通过直接感觉及由此的推论，以及有能力的人的例证得到普通冥想对象的知识。说到“有能力的人”时，瑜伽士总是指圣哲（Rishis），或《吠陀经》中记录的思想上的先知们。根据他们的思想，能证明这些经典的唯一证据就是它们是有能力的人的例证。但他们同时也说这些经典不能让我们实现最终目标。我们可能已经读完了整本的《吠陀经》，但什么都没有得到。而当我们练习他们传授的教导时，我们就能达到经典中所说的那种境界，这个境界已经突破了感觉和推论不能达到的范围，突破别人的例证不起作用的地方。这就是经文要说的意思：觉悟才是真正的宗教，其他的一切都是为这所做的准备——听讲道、读书或者推理——都只是在打基础，不是宗教。理智上的同意或者不同意也不是宗教。

瑜伽士的中心意思是说，我们能直接接触到感官对象，我们也能直接感知到宗教本身，甚至对宗教的感知更加强烈。宗教中的真理，比如说上帝和灵魂，是不能通过外在感官感知到的，我不能通过眼睛看到上帝，也不能用手触碰到祂的存在。我们还知道我们不可能超越这些感官进行推理。推理在一定程度上让我们缺乏判断力，如同这世界千百年来一直做的一样，我们可能一生都在推理，但结果是我们发现根本没有能力证实或者证伪宗教中的事实。我们把直接感知到的东西作为基础，然后在这个基础上进行推理，所以很明显，推理只能在感知到的范围内进行，永远不能超越感知的边界。瑜伽士说，人类是可以超越自己直接感官感知的，也是可以超越自己的推理的，人类自身就有这个功能。这个能力，甚至能超越自己的理智，这个能力存在于每一个人，每一个生物之中。一个人通过瑜伽的练习，提升了这个能力，就可以超越推理的普遍限制，直接感知到已经超越了一切推理的东西。

50

三摩地里得到的印迹遮挡了其他所有的印迹。

我们在以前的经文中看到，获得超意识的唯一途径是三摩地。我们也看到，过去的因果业力或者印迹，是思想达到三摩地的阻碍。你们都有过这样的经历，当你努力集中心念时，思想反而飘忽不定了。当你试着去思考上帝时，那一刻因果业力就会显现。其他时候它们并没有这么活跃，但是你想排除它们的时候，它们就一定会出现，并用尽全力拼命地挤进你的思想里。为什么会这样呢？为什么它们在你集中心念时会强大那么多呢？这是因为，你在压抑它们，它们才会用尽全力反抗，其他（不压抑）的时候它们是不会反应的。想想吧，得有多少数不胜数的旧印迹潜伏在心念的某个地方，准备好了，如猛虎一般随时准备跳出来。这些印迹必须都被压制下去，这样我们想要的那个想法——而不是其他的——才有可能显示出来。但是我们压制的同时它们也都在奋力挣扎着要冒出来，这就是因果业力的各种力量在阻碍思想的专注。考虑到我们刚说的这个三摩地压制因果业力的力量，这种三摩地是最应该练习的。通过专注激发的因果业力如此强大,它可以阻止其他印迹的行为，抑制其他印迹的行为。

51

通过压制那个遮挡了其他印迹的印迹，所有的印迹都被压制下去了，我们就获得了无种三摩地。

如你所记，我们的目标是要感知灵魂本身。我们不能感知灵魂的原因是它和物质世界、思想和身体混合在了一起。无明的人认为他的身体就是他的灵魂，而博学的人认为他的思想才是他的灵魂，但是他们都错了。那是什么让灵魂和这些混在了一起呢？是心念之湖中各种不同的波动，它们掩盖了灵魂。我们只能通过这些波动看到灵魂的一点映像，所以如果这个波是愤怒，我们就认为我们的灵魂很愤怒。“我很愤怒！”我们会这样说。如果是一种爱的波动，我们看到在那道爱的波动里的映像，就说我们爱，如果那道波是软弱无能，我们的灵魂映照在其中，我们就认为我们软弱。这些不同的想法来自各种各样的印迹，就是因果业力遮挡了灵魂。只要心念之湖中还有一道波浪，我们就不能感知到灵魂真正的本性，除非所有的波浪消退，否则永远不可能感知到这个真正的本性。所以，首先，巴坦加利教授了我们这些波动的意义；其次，他告诉我们抑制波动的最好方法；第三，他教导我们如何用一道很强的波动抑制其它所有波动，就如用大火吞掉小火。当仅剩下最后一道波动时，也将很容易抑制它，当这最后一道波动消退时，这种三摩地被称为无种三摩地。它不留任何挂碍，灵魂在其自身的荣耀中显现出本来的样子。于是我们就知道，灵魂不是合成之物，而是宇宙中唯一永恒的单纯之物。因此，祂不生、不灭、不朽，坚不可摧，祂是智慧的永恒本质。

第二章

实践锻炼

1

禁欲、学习和将行动的成果奉献给神，这就是克里亚瑜伽。

要进入我们上一章所说的无种三摩地（Samadhis）是非常困难的，因此，我们必须慢慢地开始练习。练习的第一步，也就是预备步骤，被称为克里亚瑜伽（Kriya Yoga）。按照字面意思来解释是指行动，通过行动来练习瑜伽。人体的器官就像一匹马，思想就像控制马的缰绳，智慧就是马车夫，灵魂是骑手，人的身体就是马车。而一家之主、国王、真我，就坐在马车里。如果马非常强壮，而且不受缰绳的摆布，如果马车夫（即智慧）不知道如何控制这些马，那么马车就有麻烦了。但是，如果马（即器官）在很好地控制之下，如果缰绳（即思想）被稳稳地控制在马车夫（即智慧）的手中，马车就会到达目的地。

所以，“禁欲”又是什么意思呢？禁欲就是紧紧抓住控制人身体和思想的缰绳，禁止身体为所欲为，但让身体和思想都在适当的控制之下。

“学习”又是什么意思呢？这里的学习不是指要看小说

或者故事书，而是要“学习”那些教人如何解放灵魂的书。而且，这个“学习”也绝对不是有争议的学习。瑜伽士被认为早就结束了争辩的阶段。他之前的争辩已经足够多了，而且他也应该相当满意了，他学习主要是为了加强自己的信念。《吠陀经》和《悉檀多》（Siddhanta）是两大重要的经文知识：《吠陀经》是辩论型的，而《悉檀多》是具有决定性的。一个无知的人会首先学习第一本书，辩论性的战斗和正反方的推理。读完第一本书后他就可以读《悉檀多》了，也就是具有决定性的那一本，然后才会得出结论。只是简单的得出一个结论是远远不够的。这个结论还必须得付诸实践。世界上书的数量是无限的，但是时间是有限的，因此，知识的秘密是获取精华。学习那些精华的知识，并努力实践这些学到的知识。

有这样一个古老的印度传说，如果你把一杯牛奶和一杯水放在汉撒王（Raja Hamsa，天鹅）面前，汉撒王会喝光盛有牛奶的杯子，而不喝水。同样，我们应该取知识的精华而去其糟粕。在初期，理智的训练是有必要的，我们不能盲目地投入任何事情。但是，瑜伽士已经度过了争辩的阶段，而且已经得出了结论，他们得出的结论就像磐石一样坚定不移。现在，他唯一需要做的就是强化得出的结论。他说：不要争论，如果有人非要和你争论什么，那就保持沉默。不要回应任何争论，你只需要静静地走开，因为争论只会干扰你的思想。争论唯一的好处是训练你的理智。但是，当你的理智已经被训练后，徒增干扰有何益处呢？理智只是一个微弱的工具，它只会带给我们感官限制下的知识，瑜伽士是要超越感官的，因此，理智对瑜伽士来说没有多大用处。他非常地坚信这一点，因此他才会保持沉默，不与争论。每一次争论只会打破思想上的平衡，干扰心念，干扰就是一个缺陷。辩论和推理仅仅是起步阶段，在它们之后还有更重要的东西。生活不只是像小孩子一样打架和抱怨社会。

“将行动的成果奉献给神”不是让我们争取好的名声，也不是对自己自责，而是把荣辱都献给上主，自己处在和平之中。

2

克里亚瑜伽的目的是修行三摩地，减少痛苦的障碍。

我们大部分人的思想都像被宠坏了的孩子一样，任性地为所欲为。因此，为了控制思想使它降服于自己，持续练习克里亚瑜伽（Kriya Yoga）是很有必要的。练习瑜伽最大的障碍就是缺乏控制力，从而带给我们很大的痛苦。只有通过控制自己的思想，而且是通过练习克里亚瑜伽来控制自己的思想，才能消除这些痛苦。

3

引起痛苦的障碍有以下几种：无明、自我意识、执着、厌恶、贪生怕死。

这就是五大类痛苦，五重捆绑我们的绳索。在这五大类痛苦之中，无明是原因，其他的四类是结果。无明正是我们生活中所有痛苦的唯一原因。还能有什么其他的可以让我们感到痛苦的么？灵魂的本质是永恒的极乐。除了无明、幻想、错觉，还能有什么能让灵魂感到痛苦呢？灵魂的所有痛苦都来自于妄念。

4

不管其它障碍是处于休眠状态、削弱状态、被降服的状态、还是扩大的状态，无明都是制造这些障碍的原因。

无明是导致自我意识、执着、厌恶、贪生怕死这四大痛苦的原因。这些印迹都以不同的形式存在着。它们有时候处于休眠状态。你会经常听到这样来描述一个人："像孩子一样无知。"但是孩子的无知中可能潜藏着一个魔鬼或一个天使，这些状态将逐渐地显现出来。这些印迹，也就是过去的行为所留下的因果业力，在瑜伽士身上是处于削弱状态的，也就是说它们的威力已经大大地被削弱了，瑜伽士能够控制它们，而且不允许它们显现出来。"被降服"的意思是说，一些印迹有时候会被更强大的印迹压制住了，但是，当压制它的印迹移除后，它们将最终显现出来。最后一种状态是"扩大的"，在有利的环境下一些印迹就会非常的活跃，以善良的或者邪恶的形式表现出来。

5

无明就是把无常、不净、痛苦和非我分别误当作永恒、纯净、快乐和真我。

所有形式各异的印迹都有一个共同的来源：无明。我们已经知道了无明是什么。我们大家都会这么想："我（I）就是身体（Body），而不是真我（Self），不是纯净、不是光明、不是永恒的喜乐”，其实这就是无明。我们头脑中想到人，却把人当作身体。这是很大的妄念。

6

自我意识就是把观者当成观看的工具。

观者就是真正的真我(Self),是纯净、神圣、无限、不朽的。这就是人的真我。那么,工具又是什么呢?是心念或心灵素材,智性（Buddhi），决定性能力，末那识（Manas）或思想，器官或感官。这些都是观者用来观看外部世界的工具。把真我当成工具，被称作自我意识的无明。当我们说：“我是思想，我是念头，我生气”或者说“我开心”。我们怎么会生气？我们又怎么会心怀怨恨呢？我们应该把自己认作真我，那个不会改变的真我。如果真我是不变的，那它怎么会一会儿开心，一会儿伤心呢？真我是无形、无限、无所不在的，那又有什么可以改变它呢？它是超越一切规律和法则的。有什么能够影响到它呢？宇宙中的任何物质都不会影响到它，但是，因为无明，我们把自己认同为心灵素材，认为我们在感受喜悦或痛苦。

7

执着就是沉迷于那些能够给我们带来快乐的事物。

我们会在一些事物中寻找到快乐，思想犹如流水一样流向这些事物，可以说，追随以快乐为中心就是执着。我们从来不会执着那些不会带给我们快乐的事物。我们有时候在非常奇怪的事物中找到快乐，但是这个原则还是存在的，那就是：我们在哪里发现快乐，就会在哪里执着。

8

厌恶就是总想那些给我们带来痛苦的事物。

对于那些给我们带来痛苦的事物，我们应该立即远离它们。

9

即使是在博学的人身上，通过自己本性的流动，也会形成贪生怕死。

你可以发现每一种动物都会贪生怕死，正因如此，人们尝试建立关于来生的理论，因为人们太贪迷生命，所以他们渴望有来生。毫无疑问，这个辩论也是毫无价值的；但是最有意思的一部分是，在西方国家，认为只有人类才会有来生，而其他的动物是不会有来生的。

在印度，贪生怕死的理论是关于证明人的过往经历和存在过的争论。例如：如果说我们的所有知识来自于以往经历的说法是正确的,那么我们肯定无法想象和理解没有经历过的事情。小鸡一孵出来就会啄食。大家都知道，一只母鸭孵出的小鸭子在它们破壳而出的时候会立即跳进水里，而母鸭却认为小鸭子会被淹死。如果经历是知识的唯一来源，那么小鸡是从哪里学会的啄食呢？小鸭子又是如何知道自己天生就会游泳呢？如果你说这些都是本能，这没有任何意义，这么说只是给出了“本能”这个词，却什么也没有解释清楚。本能是什么？我们自身都具备一些天分。比方说，你们当中许多女士弹过钢琴，你们起初开始学习弹钢琴的时候，是如何小心翼翼地学习将手指一个一个地放在黑白键上，但是现在，经过了几年练习之后，你可以一边跟朋友聊天手指一边机械地弹着钢琴。你们弹钢琴也变成本能了。因此可以说，每一件事都是通过不断地练习变成本能、变成自动的，而且据我们所知，所有我们现在当作本能的事例都是退化了的理性。在瑜伽士的字典里，本能是跟理性有关的。分别也会产生，变成了无意识的因果业力(Samskaras)。因此，我们把世界上被称作本能的事物和理性联系到一起是一个完全合乎逻辑的想法。没有经验是不可能产生理性的，因此，所有的本能也就是以往经验的结果。小鸡害怕老鹰，鸭子喜欢水，这些都是以往经验的结果。

问题是这些经验是属于一个特定的灵魂，还是仅仅属于一个身体，这只鸭子所拥有的经验是否是它祖先曾经拥有的经验，还是这只鸭子本身就有的经验。现代科学工作者认为，这些经验是属于身体的，但是瑜伽士却认为这些都是思想的经历，只是通过身体传达出来的。这就是被称作轮回转世的理论。我们知道，我们所有的知识，不管是把它们称作认知、理性、还是本能，它们都是通过经验这个渠道得来的，现在被我们称作本能的东西都是过去经验的结果，过去的经验退化成为本能，这些本能又再进化成为理性。这个理论适用于宇宙万物。在印度，关于轮回转世的理论就是以这个推理为基础的。

在时间的长河中，人类反复地经历各种不同的恐惧，结果导致了人类的贪生怕死。这就是为什么小孩一出生就会本能的恐惧，过去痛苦的经历仍然留在它的记忆中。即使是最博学多识的人，他们知道自己的身体终将会死亡，也会说：“不要担心，因为我们拥有成百上千个身体；灵魂是不死的。”即使是在这些有学问的人身上，我们也可以看得出来他们是贪生怕死的。人类为什么如此的害怕死亡呢？而且我们知道，对死亡的恐惧几乎成了人类的一种本能。在瑜伽士的心理学术语中，它已经变成了一种因果业力（Samskara）。这种业力精微地、隐蔽地潜藏在心念中，暂时处于休眠状态。所有这些过去关于死亡的经历和所有那些被我们称作本能的东西，都成为潜意识的经验。它们就潜伏在心念中，它们不是不活跃，只是在暗地里工作着。

这些心念变体、这些思想波动是显而易见的，我们可以意识到它、感觉到它，也可以很容易地控制它们。但是，对于那些更精微的本能我们又能怎么样呢？怎样能够控制得了它们？当我生气的时候，我整个思想就变成了一股愤怒的滔天巨浪。我能感觉到愤怒，看见它，处理它，轻易地控制它，同它作斗争，但是不找出让我生气的根源，我就不会在同愤怒的斗争中彻底取得胜利。当一个人对我说了非常刻薄的话语时，我开始感觉到被激怒，如果他继续对我出言不逊，我就会变得异常的愤怒，直到我几乎忘记了自己的身份，把自己认同为愤怒。

当他一开始对我出言不逊时，我就在想："我要生气了"。愤怒是一回事，而我是另一回事。但是当我在生气的时候，我就成了愤怒。我们应该把愤怒控制在萌芽状态，控制在初始状态，控制在精微状态，甚至应该是在我们还没有意识到愤怒的时候就应该把它控制住。对于大多数人来说，激烈情绪在精微状态时甚至都感觉不到，在精微状态下，情绪慢慢从潜意识中浮现出来。当一个气泡从湖水的底部开始慢慢上升的时候，我们是看不到它的，甚至在它将要到达水面的时候我们也很难发觉它。只有当这个水泡破了并在水面制造出了涟漪的时候，我们才知道它的存在！只有在波浪还处于精微状态时就控制住它，我们才可能成功地防止波浪的出现。直到在萌芽状态就控制、征服它们，我们才有希望完全征服任何激烈情绪。要控制我们的情绪，就应该从情绪的源头下手，只有这样，我们才有希望烧毁它们繁衍的种子。因为用火烤过的种子埋在土里是永远不会发芽的，这些强烈情绪也就不会产生出来。

10

只有找出它们的根源，那些精微的因果业力才会被彻底征服。

因果业力（Samskaras）就是那些残留在记忆中的精微的印迹，即使由于冥想导致心念波动被终止了，这些印迹还是保存在大脑中。如何才能控制这些因果业力呢？只有通过寻找导致这种结果的根源了。当把心念（也就是一种结果）通过因果业力分解到它的起因“自我意识”（Asmita）的时候，那些精微的印迹才会随之消亡。

11

通过冥想，思想的波动起伏就会终止。

冥想是有效控制思维波动的一种伟大的方法。通过冥想你就能抑制这些思维的波动，而且如果你坚持练习冥想数天、数月、数年，直到冥想成为一种习惯，直到它变成你自己，那时愤怒和仇恨就会被控制和阻止了。

12

一个人“业力的容器”来自于带来痛苦的障碍，并会在今生或来世结出果实。

我们所说的“业力的容器”是指所有因果业力的总和。无论我们造什么业，都会让思想产生波动，在我们的行为结束后，我们会认为这种波动也会随之消失。但是事实并非如此，这种波动只是变得比较精微了而已，但是它却仍然存在着。当我们努力去回想自己所作所为时，它就会再次出现并形成一种波动。事情就是这样发展下去的，如若不然，就不会有记忆产生了。因此可以这么说，人的每一个行动，每一个想法，不管是好的还是坏的，只会沉淀下来，变得精微，最终储存在了思想当中。不管是幸福的还是痛苦的想法都被叫做痛苦阻碍，因为在瑜伽士看来，这两种不同的想法都将最终带来痛苦。来自于感官的快乐都将会带来痛苦。所有的享受都会使我们想要追求更多，结果这种追求快乐的欲望最终还是会带来痛苦。人的欲望是没有止境的，人总是不断地渴求满足自己的欲望，一旦他的欲望不能得到满足，他就会感到痛苦。因此，瑜伽士认为所有的印迹，不管是善的还是恶的，都是“痛苦阻碍”，它们阻碍了人类寻求灵魂自由的道路。

这与因果业力（所有行为的精微根源）是相同的，它们是能够在今生和来生带给我们任何结果的原因。例外的情况是，当这些因果业力非常强大的时候，它们就会很快结出果实，异常邪恶或者异常善良的行为在今生就会带来结果。瑜伽士认为，那些获得善业的巨大力量的人甚至是不会死的，他们在今生就能把自己的身体变成圣体（god-bodies）。在瑜伽士的书中类似的例子有很多。这些人能够改变组成他们身体的物质，他们能够以不会再生病的方式重新排列身体的分子结构，而且我们所说的死亡也不会降临到他们身上。这是他们理应得到的，难道不是吗？从生理学上说，人吃掉食物就是吸收来自太阳的能量。这种能量是首先到达植物，然后这种植物被动物吃掉，最后动物又被人类吃掉。站在科学的角度也就是说，我们从太阳那里吸收了大量的能量,并使这些能量成为我们身体的一部分。如果事情就是这样的，为什么会只有一种获取能量的方式呢？植物吸收能量的方式跟人类不同；地球吸收能量的过程跟我们人类的过程也不同。但是，所有事物都以这种或那种方式吸收能量。瑜伽士说，他们仅仅通过思想的力量就能吸收能量，他们想要多少能量就能吸收多少能量，而无须依赖常规的能量吸收方法。就像蜘蛛能够用自身的物质织网，然后又被自己织的网束缚住，结果除了沿着自己织的网行动外不能去其他任何地方，我们人类也是同样用自身的物质织网，那个网就是我们的神经网络，现在我们也一样只能沿着神经网络的通道行动。但瑜伽士说，我们没有必要受自己神经网络的束缚。

再举一个类似的例子，我们可以把电输送到世界的每一个角落，但是我们必须通过电线网络才能完成这个输送过程。但是大自然不需要使用任何电线就可以把大量的电流传输出去。我们人类为什么不能像大自然这样呢？我们可以把思维的电流传输到任何地方，我们身上被称为思想的那一部分就像是电流。很显然，神经流质就具有大量的电，因为它具有两个极，而且具有电所拥有的一切性质。我们现在只能通过这些神经网络来传输体内的电流。我们为什么不可以不借助神经网络就传输思想的电流呢？瑜伽士认为，这是完全可能的，而且是可以付诸实践的，当你可以离开神经网络来传输思想的电流时你也就可以做宇宙中任何你想做的事情了。你也可以在没有神经网络系统的帮助下，同世界上任何地方的任何人合作。当灵魂通过这些神经网络工作时，我们说这个人还活着，当灵魂不再通过神经网络来工作时，我们就认为这个人已经死了。但是，当一个人用不用神经网络都可以工作时，生与死对他来说一点儿意义都没有。宇宙中的所有身体都是由精微元素（Tanmatras）构成的，不同之处只在于这些精微元素的组合排列方式。如果你是一个组织者，你就可以随意这样或那样来组织一个身体。除了你自己还有谁能够组织你的身体呢？是谁吃食物？如果是另一个人替你吃食物，你就不会活太长的时间。又是谁利用食物制造了血液呢？当然是你自己了。又是谁净化了自己的血液并把它通过血管输送呢？还是你。我们就是自己身体的主人，并生活在其中。我们只是忘记了如何返老还童，我们已经变得无意识和退化了，我们忘记了组合排列分子的过程。因此，我们自动化的无意识行为也应该变成有意识的行为。我们是身体的主人，我们应该掌管身体的创造，只要我们能够这么做，我们就可以如己所愿的精力充沛，那样我们将不再会有出生、疾病或者死亡了。

13

只要根源在那里，就会结出果实，果实会以物种、生命、喜乐或痛苦的形式呈现出来。

根源，也就是起因已经找到了，那就是因果业力，它就存在于人的思想之中，它们再次显化并造成一定的影响。当原因产生了结果就会渐渐消失，结果变得更微妙，它又变成了造成下一个结果的起因。一棵树上结出的种子会长成另一棵大树，成为这棵新树长成的起因，然后这棵大树又会长出新的种子，新的种子又发育成新的大树，就这样反复循环下去。我们现在所有的业都是过去因果业力的结果，这些结果又会成为未来行为的起因，同样的事情就这样反复循环下去。因此，这段经文就说，只要有原因的存在，果实就一定会产生，这些果实会以不同物种的形式出现：有的是人类，有的是天使、动物、魔鬼。对生命的影响也是不一样的：有的能活五十岁，有的能活一百岁，也会有两岁就夭折的。所有生命状态的差异都是由过去的行为调控的。如果一个人是为了体验喜乐而来到这个世界，即便他隐居在深山老林里，快乐也会追随他而去。而另一个人是为体验痛苦来到这个世界，痛苦与他如影随行，一切事物对他来说都是痛苦的。这些都是他们过去的行为所造成的结果。根据瑜伽士的哲学思想，所有善行都会带来快乐的回报，而所有恶行必将带来的是痛苦。所有那些做坏事的人必将收获痛苦的果实。

14

善良或者罪恶的行为会结出快乐或者痛苦的果实。

15

在有分别心的人看来，一切都是痛苦的，因为所有的事情都会产生痛苦。要么现在的结果是痛苦的，要么忧虑未来，要么因业力而心态消极，还有一部分痛苦是因为人品的反作用力造成的。

瑜伽士认为那些具有辨别力的人，和那些洞察力强的人可以看穿所有被称作痛苦或者快乐的事情，而且他们也知道痛苦和快乐会降临到每一个人身上，痛苦和快乐彼此相随，并彼此相融。他们认为人类一生都在追随虚幻的目标（ignis fatuus，鬼火），他们的欲望却永远都得不到满足。

伟大的坚战王（Yudhishthira）曾经说过，生命中最让人感到奇妙的事情是，当我们看到周围的人死去时，我们却认为自己是不会死的。尽管我们生活在一个四处都有愚蠢的人包围着的世界，却认为自己是个例外，是唯一的智者。尽管被变化无常的情感经历围绕着，我们却认为唯有自己的爱情是永恒不变的。人们到底为什么会这么想呢？甚至连爱都是自私的，瑜伽士说，我们最终会发现夫妻之间的爱情、父子之间的亲情以及朋友之间的友情，都会慢慢地衰退。衰落会发生在世间一切事物身上。只有当世间万物甚至爱，都如流星般坠落时，一个人才会认识到这个世界是多么的无意义，多么的梦幻泡影。因此他就看到了超脱（Vairagya），看到了来世。只有放弃眼前这个世界我们才能看到另一个世界，抓住这个世界不放就看不到另一个世界。从来没有一个伟大的灵魂不拒绝感官的享受和快乐，却能到达解脱的彼岸。苦难的产生是由于物质世界中不同力量之间的互相冲突，它们互相拖着彼此的后腿，结果永远都不可能获得永恒的幸福。

16

那些还没有到来的痛苦是可以避免的。

有一些业力（Karma）已经发生了，还有一些业力是今生会发生的，而还有一些业力是要等到未来才有结果。第一种是已经发生并成为过去了的。第二种是我们今生正在经历，将要被解决掉的。我们只能控制和征服那些在未来才会产生结果的业力，而且我们所有的力量都应该朝着这个方向努力。这就是巴坦加利所说的，“只有求助于造成事物的源头才能控制它们”所表达出来的意思。

17

可以避免痛苦的原因是：观者（Seer）和观察对象（Seen）的结合。

观者是谁呢？是一个人的大我，是真我。那么观察对象又是什么东西呢？那是整个的物质世界。上至人的思想下至物质世界。世间所有的痛苦和欢乐都来自于真我（Purusha）和思想的结合。你必须记住，在哲学里真我是单纯的，当真我跟物质世界相结合的时候，通过投射显现为感受到快乐或痛苦。

18

体验对象由各种不同的元素和器官组成，它具有光明、活动、惰性的特征，体验对象是为了体验者体验和解脱的目的而存在的。

体验对象也就是物质世界，它是由各种不同或粗糙或精微的元素以及器官组成的,组成物质世界的器官包括感觉器官、心念等等，物质世界具有光明、活动、惰性的特征。它们在梵文中称为：Sattva（悦性），Rajas（激性）和Tamas（惰性），它们的目的都是为了体验和解脱。那么物质世界存在的主要目的又是什么呢？物质世界的存在是为了给灵魂以感受世界的机会。灵魂（Purusha）似乎已经忘记了自己强大无比的、神圣不可侵犯的本性。

因陀罗（Indra）是众神之王，祂曾经变成一头猪，在泥潭中打滚。祂有一头母猪伴侣和许多小猪孩子，过得十分开心。

其他天神看到祂的处境，就来到祂面前对他说：“你是众神之王，你可以号令诸神，为什么你要在这里呢？”因陀罗却说：“别管我，我在这里一切都好。我有母猪美人和小猪们，我才不在乎天堂。”可怜的众神对此无计可施。过了一段时间，他们决定来祂家一次就杀死一头小猪，把小猪一头一头地杀死，直到所有的猪都死了，连母猪也没放过。当因陀罗成为孤家寡人时，祂开始哭泣哀嚎。众神撕开了猪的身体，祂从里面走出来。当祂意识到自己做了个可怕的恶梦，祂笑了。祂，众神之王，居然成了一头猪，还认为猪的生活就是唯一的生活。不仅如此，祂还想把整个宇宙都变成猪的世界。

灵魂也会犯错误，当灵魂把自然当作自然的时候，它竟然忘记了自己本来是纯洁、无限的。灵魂不用爱，它就是爱本身，灵魂不存在，它就是存在本身。灵魂不知道，它就是知道本身。认为灵魂爱、存在、知道，都是错误的想法。爱、存在、知道，这些都不是灵魂的特点，而是灵魂的本质。当它们投射到其他物体上时，你就会认为它们是那个物体的特点。它们不是灵魂的特点而是灵魂的本质，这个伟大的灵魂，这个无限的存在，祂无生无灭，安住在自己的光环之中。灵魂退化是如此严重，就算你跑来告诉祂，“你不是一头猪”，祂还是会继续嚎叫撕咬。

灵魂就随我们存在于梦幻的世界（Maya）里，这个梦幻的世界充满了痛苦、哭泣和泪水，哪里有黄金球在滚动着，整个世界就追逐抢夺那些金子。在这个虚幻的世界里，你从未被规条束缚，也从未被自然束缚。这些都是瑜伽士所言，你所需要做的就是耐心地学习它。而且，瑜伽士表明，灵魂如何同物质世界结合，认为自己就是心念和这个世界，并因此认为自己的生活是悲惨的。然后，他们还会告诉你远离苦难的方式是首先要经历苦难。你必须要经历所有的体验，但尽快结束这体验。我们已经把自己置于这张网中，我们必须要出离这张网。我们已经使自己落入陷阱之中，我们要做的就是争取自由之身，逃离这个陷阱。因此，就先让我们来经历夫妻之爱，朋友之爱，亲子之爱吧，如果你从未忘记真实的自己，你会安全顺利地完成这些经历。永远不要忘记这些只是你需要度过的暂时状态，我们必须经历它。经验是一个伟大的老师，痛苦和快乐的经验都是，但是要知道这只是经验。经验是一步一步到达万物变渺小的状态，而灵魂是如此的伟大，以至于整个的宇宙对它来说只不过是沧海一粟，而且宇宙必将因为自身的空无而消失不见。我们必须得经历不同的事情，但是永远记住我们的理想。

19

物质有四种状态：清楚的（具体的元素）、模糊的（难以察觉的元素）、表明的（伟大的智慧）以及无形的（看不见的）。

正如我在之前讲过，瑜伽理论系统是完全建立在古印度的六大哲学派别之一的数论派基础上的，在这里我再一次地重申一下数论哲学的宇宙观理论。在数论派哲学里，物质世界既是宇宙的物质载体也是宇宙起源的最大原因。物质世界里存在着“三德”（三种物质），它们分别是：悦性（Sattva）、激性（Rajas）、惰性（Tamas）。惰性完全是黑暗的、无明的、沉重的；激性是活跃的；悦性是安静、光明。物质世界在被创造之前被称作未显化（Avyakta），它是模糊的，浑然一体的，也就是说那时的物质世界处于一种混沌的状态，其中的物质没有形式的区别，也没有各自的名字，但是在那时三种物质处于一个平衡的状态。后来这种平衡就被打破了，三种物质就以不同的形式混合到了一起，这种混合的结果就形成了宇宙。

在每一个人的身体里也存在着这三种物质。在“悦性”

盛行时，知识就会降临；在“激性”占优势地位时，人就处于一个精力旺盛的活跃的状态；当“惰性”当道时，黑暗就会来临，人就变得非常的疲乏、懒惰、无明。根据数论哲学思想来看，物质世界具有的最高状态是在三种物质都存在的情况下，这种最高的表现状态被称作玛哈（Mahat），即智慧，宇宙的智慧，人类的思想也是宇宙智慧的一部分。在数论哲学派的心理学里，他们把思想（Manas）的功能和智慧（Buddhi）的功能做了很鲜明的区分。思想的功能仅仅是搜集和携带印迹，然后把这些印迹象交给智慧（即宇宙的个体智慧）处理，个体智慧据此做决定。从宇宙的智慧中产生了自我（Egoity），从自我里又产生出精微的元素。这些精微的元素又结合在一起形成了外部粗糙的物质，也就是外在宇宙。数论哲学称，从伟大的智慧到一块小小的石头，所有的物质都是一种物质的产物，唯一的区别是它们存在的状态是更精微还是更粗糙。精微一些的物质是起因，较粗糙的物质是结果。在数论派哲学家看来，在整个物质世界之外存在的是灵魂（Purusha），灵魂不是物质的。

灵魂同其他的任何物质都不同，无论是智慧、思想，还是精微物质和粗糙物质，毫无相似之处。灵魂跟所有的这些物质都没有一点血缘关系，它是完全独立的，在本质上也完全不同；数论哲学家还进一步说道，灵魂（Purusha）必须是永恒不朽的，因为它不是物质组合的结果。不是由物质组合而成的东西是不会死亡的。在数论哲学家看来，这些灵魂（Purusha）或真我的数量是无限的。

现在我们就可以明白为什么这一句经文把物质分成四种状态：清楚的、模糊的、表明的以及无形的。清楚的物质是指那些可以感觉得到的粗糙物质。模糊的物质是指那些精微的，普通人觉察不到的物质。但是巴坦加利（Patanjali）说过，如果你练习瑜伽的话，一段时间后你的感觉就会变得异常灵敏，以至于可以看到那些精微的物质了。例如，你可能听说过每个人的身体都会发出特定的光芒，每一个活着的生命都会散发出光芒，而且巴坦加利说，瑜伽士可以看到这光芒。并不是每一个人都可以看见这道光,但是每一个人都向外投射出精微物质，就像一朵鲜花会不断的散播花粉让我们闻到它的香味一样。在我们生命中的每一天，我们都会做出许多善行和恶行，无论我们走到哪里，空气中都会弥漫着善恶的气息。这就是为什么人类思想中会不知不觉地出现要建造寺庙和教堂的想法。为什么人们要建造教堂来礼拜上帝呢？人类为什么不随时随地的礼拜上帝呢？尽管他们不知道自己这么做的原因，但是人们发现在礼拜上帝的教堂里充满了精微元素（Tanmatras）。人们每天都会去教堂或者寺庙，而且他们去的次数越多，自己就变得越虔诚，那个地方也变得越来越神圣。如果一个本身没有很多悦性（Sattva）的人去教堂或者寺庙的话，那些地方就会影响他，可以激发他的悦性。因此，这就是那些寺庙和圣地存在的重大意义。但是，你们要记住这些地方的神圣来自于经常去那里集会朝拜的虔诚的人们。但是人类的难题是，他们忘记了建造这些教堂庙宇的初心，本末倒置了。正是朝拜的人们让那些地方变得神圣，然后结果反过来成为了原因，那些地方使人们变得神圣虔诚。如果只有心存恶意的人去那种地方，教堂和庙宇只会变得像其他地方一样邪恶。不是那个建筑物，而是人，让教堂变得那么神圣，这也是我们经常会忘记的一点。这也是为什么那些拥有很多悦性的智者和圣人会日夜散发出智慧的光芒，并对他们的周围造成巨大的影响。一个人可以变得非常纯净，以至于这份纯净触手可及。任何一个同他接触过的人都会变得纯净起来。

接下来要说的是那些“表明的物质”，这类物质指的是菩提、宇宙的智慧。这是物质世界的第一次显化，其后，会有很多的物质相继显现出来。

最后是那些“无形的物质”。现代科学和宗教理论似乎在这一点上存在着巨大的分歧。每一个宗教理论都宣扬说宇宙来自于人的智慧。关于上帝的学说，除了那些关于个性的所有观点，都认为在上帝造物的过程中智慧是首先被创造出来的，而且智慧来源于我们所说的粗糙物质。但是，当代科学家们却认为，人的智慧是最后产生的。科学家们认为，那些没有智慧的东西先慢慢地进化成动物，然后动物再一步一步地进化成人类。他们宣称，智慧本身是最后才出现的，而不是所有的物质产生于智慧。虽然宗教的观点和科学的理论看上去似乎是完全对立的，但是这两种不同的观点却又都是正确的。举一个无穷极数的例子：A–B–A–B–A–B……就这样循环下去。问题就出现了：到底是哪一个在先呢，是A先出现的还是B先出现的？如果你把顺序看作由A到B，即A–B，你就会认为A是先出现的；但是如果你把顺序看作B–A，那就会说是B先产生的。这完全取决于你看待它的方式。智慧先显化成粗糙的物质，这些物质又变成智慧，就这样无限循环下去。数论哲学以及其他信仰宗教的人认为智慧是首先产生的，然后才是产生的物质。但是科学家却坚持认为首先有了物质，然后才有智慧。它们指的是同一个循环链。但是印度哲学超越了物质和智慧，发现了灵魂（Purusha）或者说是真我（Self），灵魂是超越智慧的，而且智慧是从灵魂那里借来了一束光。

20

观察者指的就是智慧，虽然纯净无瑕，却看穿了智力的染着。

下面还是数论派的哲学思想。我们在数论哲学思想里也得知，从最低等的形式到最高级的生物一切属于物质世界；超越物质世界的就是灵魂（Purusha）了，灵魂是没有物质的。但是为什么灵魂会有快乐和痛苦的表现呢？把一朵红色的鲜花放在一块纯净透明的水晶前面，通过反射效应这块水晶也会变成红色的。同样的道理，灵魂表现出来的快乐和痛苦只是反射的结果，灵魂本身是没有颜色的，没有痛苦和快乐的。灵魂同物质世界是分开的；物质世界是一回事，灵魂又是另一种事物，这两者是永远分离开的。数论派哲学家认为，智慧是一个化合物，是有成长和消亡的，它会如身体一样地变化，而且智慧的本性和身体的本性基本是相同的。身体之于智慧犹如手指甲之于身体。指甲是身体的一部分，指甲可以上百次的被剪下来，但是身体却还存在着。同样的道理是，智慧会一直存在，尽管身体会脱胎换骨。但是智慧又不可能是永恒不朽的，因为智慧是一直处于变化之中，会有涨有落。所有那些会发生变化的事物都不会是永恒的。智慧肯定是被生产制造出来的，这个事实告诉我们，智慧之上肯定还有更高一级的东西存在着。智慧不可能是自由的，同物质有关的任何东西都存在于物质世界之中，因此也就被永远限制在了物质世界之中。那什么又是自由的呢？自由的事物肯定是超越了因果的。

如果你觉得存在自由的想法是妄念的话，那我会告诉你，被束缚的想法也同样是一个妄念。这两个事实都存在于我们的意识之中，它们在我们的意识中是共存亡的。这些就是我们关于束缚和自由的观点。如果我们想穿过一座墙，头会直接撞在墙上，我们就会知道自己是被墙限制住了。同时，我们也会发现自己有一个意志力，而且认为可以随处施展自己的意志。在每一个步骤，我们头脑中都会出现这两种相抵触的想法。我们必须相信自己是自由的，但是我们又每时每刻发现自己根本就不自由。如果说这个想法纯粹是妄念，那么与之相反的想法也同样是妄念，如果一个是正确的，那另一个想法也是合理的，因为两种想法都是建立在同一基础上的：意识。

瑜伽士说这两种观点都是正确的，就智慧而言，我们是不自由的，就灵魂来看，我们是自由的。这是人的真实本质，灵魂、真我的真正内涵是超越因果法则的。灵魂的自由是以不同的形式经过多层物质、智慧、思想等层层过滤的。它本身就是照耀所有事物的光芒。智慧本身是没有光芒的。每一个器官在大脑中都有一个特定的中心，所有的器官并不是只有一个中心，每一个器官是相互独立的。为什么所有的感知是和谐相连的呢？它们的统一性来自于何处？如果是在大脑里，那么所有的器官：眼睛、鼻子、耳朵等等，就会只有一个中心了。但是，我们可以肯定地说每一个器官都有不同的中心位置。但是人又能同时看见和听到，因此在智慧的背后肯定存在一个联合体。智慧同大脑有关系，但是在智慧之外还存在着灵魂——一个单独的个体——在那里所有不同的感觉和认知是连为一体的。灵魂本身就是一个中心，在这里所有不同的感知汇聚并连接成一个整体。灵魂又是自由的，而且正是它的自由在时时刻刻地提醒你，你是自由的、不受束缚的。但是你把这种自由误认为是智力和思想。你试着想把这种自由归功于智力，随后又很快发现智力不是自由的；你把这种自由归于身体，但是本性很快再一次的告诉你又错了。这就是为什么自由的感觉和束缚的感觉同时交织混杂存在着。瑜伽士对自由的和束缚都进行了分析，因此修炼瑜伽的人就不再是无明的人。他们发现灵魂（Purusha）是自由的，是知识的精华，这些知识经过菩提（Buddhi）变成了受束缚的智慧。

21

经验的本质是为了灵魂。

物质世界本身是没有光的。只要灵魂存在于它之内，它就似乎有了光。但是这种光只能说是借来的，就像月光是反射太阳光一样。在瑜伽士看来，物质世界的所有显化都来自于它本身，但是物质世界的目的却只有一个，那就是要解放灵魂。

22

尽管对那些灵魂已经得到自由的人来说没有了物质世界，但是对其他人来说，物质世界还是普遍存在的。

物质世界的一切活动是为了让灵魂知道，灵魂与物质世界是分离的。当灵魂知道了这一点，物质世界对它来说也就没有什么吸引力了。物质世界只有在人变得彻底自由之后才会消失。但是对一直还没有得到解脱的无数其他人来说，物质世界一直运作着。

23

（灵魂和物质世界的）结合是领悟经验对象（物质世界）和经验者（灵魂）这两种力量之本质的原因。

从这句经文看来，灵魂的力量和物质世界的力量在结合的时候会显化。于是宇宙的众多现象开始显现出来。无明是导致这种结合的原因。每天我们都能感觉到，痛苦和快乐的来源总是因为把自己同我们的身体联系在一起。如果我能完全肯定我不是这个身体，那么就不会有冷暖之类的外在感受了。身体是一个混合体。如果说我有一个身体，你也有一个不同的身体，太阳是另一个身体，这种说法是完全错误的。整个的宇宙就是一个由物质所组成的海洋，你是其中一个小粒子的名字，而我是另一个小粒子的名字，太阳又属于第三类。我们知道这种物质是在不断变化的。组成太阳的物质说不定哪一天就组成了我们的身体。

24

无明是最主要的原因。

因为无明我们把自己同一个特定的身体结合在一起，从而也打开了经历痛苦的大门。关于身体的思想只是一种迷信。正是这种迷信的想法才让我们经受痛苦和快乐。也正是由无明引起的迷信想法才让我们感知冷暖和苦乐。超越这种迷信是我们的任务，瑜伽士告诉我们如何做到这一点。已经证明的说法是，当思想处于某一特定的精神状态时，人就算被火烧也不会感觉到疼痛。但是大脑这种突然的兴奋状态像旋风一样，来的快，消失的也很快。但是如果我们通过练习瑜伽达到这种状态，我们就能将灵魂永久地从身体中分离出来。

25

没有了无明也就没有了灵魂同物质世界的结合。结合是我们要避免的，无明的消亡也就意味着灵魂的独立。

在瑜伽哲学里，灵魂是因为无明才跟物质世界结合的。我们的目标就是摆脱物质世界对我们的控制，这也是所有宗教的目标。每一个灵魂都有潜在的神性。我们的目标就是通过控制外在的和内在的物质世界，让这些潜在的神性显现出来。我们可以通过工作、礼拜、心理控制、哲学的方式，用其中一个或者多个，甚至所有方法，达到自由的境界。这是所有宗教思想的宗旨。宗教的信条、教义、仪式、典籍、寺庙、形式，这些都是次要的细节。

瑜伽士试图通过心理控制来达到这个目标。在我们能够脱离物质世界的控制之前我们仍旧是奴隶，只能按照指令行动。瑜伽士声称那些能够控制自己的思想的人也就能够控制物质了。内在的物质世界比外在的物质世界要精细的多，而且也就更难于把握，难以控制了。因此，那些能够征服内在物质世界的人也就能够控制整个宇宙了，宇宙就会成为他的仆人。胜王瑜伽（Raja Yoga）提出了控制的方法，必须通过控制比我们所知的物质世界更高的力量才能达成。身体只是思想的外在躯壳，他们不是两个不同的东西，他们就像牡蛎和它的外壳，是同一个东西的两个不同方面。牡蛎内部的物质从外界摄取物质，并造出自己的壳。同样的，被称为思想的内部精微力量从外界吸收粗糙的物质，再利用这些物质来制造外壳，也就是身体。如果当时我们拥有控制内部的力量，我们也就很容易地控制了外部世界。而且，这些力量也不是不同的。并不是一些力量是物质的，另一些力量是精神的。物质的力量只是内在精微力量的粗糙显现，就像物质世界是精微内心世界的外在反映一样。

26

消灭无明的方法是持续不断地练习辨别能力。

练习瑜伽的真正目的是：辨别真实与非真实，知道灵魂不是物质世界，灵魂既不是物质也不是思想，而且因为它不是物质世界的，因此它也不可能改变。只有物质世界才是会变化的，结合、重组，再不断的消失。当我们持续地练习，并开始拥有了辨别能力时，无明将会消失，灵魂会开始以它的真实本质闪耀，无所不知，无所不能，无所不在。

27

瑜伽士的知识是通过七个至高步骤得到的。

知识来临的时候是分了七个步骤一个接一个地到来的，在其中每一步到来的时候我们知道自己学习到了新的知识。第一步会让我们感觉到自己学会了那些应该知道的知识，思想就会感到满意了。只要我们能够意识到自己对知识的渴求，我们就开始东寻西找，只要能让我们学到真理。如果我们没有找到就会感到不满，但是会选择从另一个方向继续找。所有的寻找都是徒劳的，直到我们意识到知识就在我们之内，没有人能够帮助我们，我们必须自己帮助自己。在我们开始培养辨别力的时候，我们正在接近真理的第一个迹象是，不满意的状态将会消失。我们十分确信自己已经找到了真理，而且除了是真理外，它不可能是其他任何东西。然后我们会知道太阳在升起，黎明即将来临，鼓起勇气，我们必须坚持不懈直到目标实现。

第二步就是所有的痛苦都消失了。宇宙中的任何物质，不管是内在的还是外在的，都不可能再给我们带来痛苦。第三步就是达到了全知的境界。我们将会变得无所不知。第四步是，通过辨别力我们所有的责任都消失了。接下来的一步得到的是心念的自由。我们会发现所有的困难和挣扎，思想中所有的犹豫不决，也都消失不见了，就像从山顶滚落到山谷的一块石头一样，再也不会滚上山顶。再接下来的一步是，任何时候在我们有欲望时，心念会意识到自己融入到引起欲望的源头里。

最后一步是，我们发现自己安住在真我之中，而且我们在整个宇宙中是单独存在的，没有同思想或者身体有任何的联系，更不要说与我们结合在一起了。它们以自己的方式工作，而我们却因为无明将它们同自己联系起来。但是，我们是独立存在的，无所不能、无处不在、永远幸福的。我们的真我是如此的纯净、完美，我们不需要其他任何东西了。我们不再需要外在的事物使自己感到快乐，因为我们本身就很幸福了。我们还会发现知识不依赖任何其他的东西。在我们的知识面前，整个宇宙中任何事物都会光芒四射。这将是最后一步，瑜伽士将会心态平静祥和，再也不会感到痛苦，再也不会受迷惑，苦难将不再来敲门。他知道自己是永远幸福，永远完美，无所不能的。

28

通过练习各种不同的瑜伽，那些不纯净的东西会被彻底消除，知识变得光芒四射，引领着人们走向拥有辨别的洞察力。

现在该讲的是练习的规则了。我们刚才所讲述的更加高深，远远超出我们的能力范围，但那些都是我们的理想。第一件有必要做的事情是要控制自己的身体和思想。然后才会容易实现理想。我们已经知道了自己的理想是什么了，现在我们要做的就是练习那些能够实现理想的方法。

29

持戒（Yama）、精进（Niyama）、体式（Asana）、调息（Pranayama）、摄心（Pratyahara）、专注（Dharana）、禅定（Dhyana) 以及三摩地（Samadhi），是瑜伽的八个分支。

30

持戒(Yama)就是要做到不杀生、不欺诈、不偷盗、不好色、不贪财。

一个人要想成为完美的瑜伽士就必须抛弃对性的幻想。灵魂是没有性欲的，那它为什么要贬低自己让自己有性幻想呢？后面我们就会更好地理解为什么要彻底放弃对性的幻想了。接受别人礼物的人会受到馈赠者思想的影响，因此接受者就很可能会堕落。接受别人的礼物就会破坏思想的独立性，使我们变得任凭驱使。因此，不要接受任何的礼物。

31

这些持戒是不受时间、地点、目的和种姓的影响和破坏的，这些持戒是普世的伟大的誓约。

不杀生、不欺诈、不偷盗、不好色、不贪财，这些持戒是所有男人、女人、小孩，不分民族、国家和地位的，每一个灵魂都应该修行的。

32

精进（Niyama）就是要做到：内心和外在的净化、知足、苦修、学习、虔诚。

外在的净化就是要保持身体的清洁，一个身体不干净的人是成不了瑜伽士的。内心也必须要净化，它是通过实践上述美德而实现的。当然，内心的净化比外在的净化更有价值，但是这两者都是必须的，没有内心的净化，外在的净化也会毫无价值。

33

为了阻止对练习瑜伽有害的想法出现，我们应该引入相反的想法。

这就是我们前面提到过的那些美德的练习方法，通过在心中保持一个与有害想法相反特质的想法。比如说，当一股怒气如巨浪般涌入你的思想时，我们该如何控制它呢？想想世间的爱吧！有的时候妻子会对丈夫非常愤怒，但是当妻子正在气头上的时候，他们的孩子走了进来，她立即给了孩子一个吻。一股愤怒的旧波浪退去了，新的波浪又涌起了，那就是对孩子的爱。这种爱平息了怒火。在其他的事情上也是一样的，当头脑中产生了偷盗的念头时，就应该想一想不偷东西是什么样子的，当想要别人的礼物时，我们就应该用不贪的想法来代替它。

34

修练瑜伽的障碍是：杀生、妄语等等的行为，不管这种行为是自己做的，引导别人做的，或是赞成别人做的；不论这些行为是因为贪婪、愤怒、还是无明造成的；也不管这些错误的程度是轻微的、中等的、还是严重的，总之它们造成了无尽的无明和痛苦。这就是反向思维的方法。

自己撒谎，或者让别人撒谎，或者是赞成别人撒谎，所有这些行为都是同样罪恶的。一个小的谎言也是撒谎了。每一个罪恶的想法都会有报应，你心中怀有的仇恨会一点点地聚集起来，即使隐藏得再私密，总有一天它们会带着巨大的力量以痛苦的形式回报你。如果你的内心充满着仇恨和嫉妒，那么仇恨和嫉妒也会加倍奉还给你。任何力量都不能使你逃避它们，一旦你把这些罪恶的想法付诸行动，你就会尝到苦果。记住这一点，你就不会做罪恶的事情。

35

当瑜伽士坚持不杀生时，所有的敌意在他面前望而却步。

如果一个人能够做到不伤害别人，大自然中最凶猛的野兽在他面前也会变得平和。老虎和山羊会在这种瑜伽士面前一起嬉戏玩耍，而不会伤害彼此。当你达到这种境界的时候，你就可以确信自己已经做到了不杀生这一点了。

36

当内心中充满真理时，瑜伽士就会拥有了这样的能力，让自己和别人都能在不造作的情况下得到业的果实。（译者注：业，Karma，指个人行为的总和，可以决定其未来的命运。）

当真理的力量在你的内心扎根，那么你即使在睡梦中也不会说谎。你的思想是真实的，你的一言一行也都是发自内心的，你所说的一切都将是真理。你可能会对一个人这么说："愿上帝保佑你！"那么这个人就会受到保佑了。如果你对一个生命垂危的人说道："愿你早日康复。"那他的病很快就会好了。

37

当内心没有偷盗别人财物的想法时，所有的财富都向瑜伽士涌来。

你从物质世界超脱的越多，你会得到的越多；如果你对物质世界一点儿都不在意的时候，物质世界会成为你的奴隶。

38

做到了洁身自好，瑜伽士就会得到无穷的能量。

洁身自好的人拥有巨大的能量和强大的意志力。没有了洁身自好也就没有了精神的力量。洁身自好能带来神奇的控制力。人类的精神领袖是节制自己欲望的，做到这一点他们也从而获得了巨大的力量。因此，瑜伽士必须洁身自好。

39

当瑜伽士做到了不贪时，他就拥有了对过去世生活的记忆。

当一个人不接受别人的礼物时，他就不会亏欠别人，就会保持独立和自由。他的思想也变得纯净。他接受的每一件礼物都意味着他可能也接受了馈赠人的罪恶。如果他不接受礼物的话，他的思想就是纯净的，他首先得到的力量就是能够忆起过去世的生活。这样，瑜伽士就能完美地坚持理想。他会看到自己已经在这个世界上轮回了许多次，因此他会下定决心这次一定要获得自由，不要再轮回，不再沦为物质世界的奴隶。

40

当他的身心都保持纯净时，他会抽离自己的身体，并且厌弃与他人的亲密接触。

当内心和外在都达到了真正的纯净时，人就会忽视自己的身体了，人就不再有保持外表好看的想法了。对瑜伽士来说，如果美貌背后没有智慧，在别人看来最美丽的面孔也不过是一张动物的脸。一个在别人看来相貌平平的人，如果他的精神闪耀着光芒的话，在瑜伽士看来也是神圣庄严的。对身体的渴望是人类的烦恼之源。因此，达到纯净的首要标志是，你不再认为自己是一具身体，唯有达到纯净之心才能摆脱身体之念。

41

瑜伽练习能够带来悦性（Sattva）的净化、思想的愉悦、精力的集中、器官的征服，以及自我实现所需要的健康。

通过练习，悦性物质就会占据主导地位，思想也就变得专注、愉悦。你变得虔诚有信仰的第一个标志是，你的心情愉悦起来。忧郁的心情是烦躁易怒的标志，但那不是有宗教信仰的标志。愉快的感觉是悦性的本质。对那些具备悦性的人来说，任何事物都是令人心情愉悦的，当你能够做到这一点时就说明你练习瑜伽取得了进步。所有的痛苦都是由惰性（Tamas）引起的，因此你必须摆脱惰性的状态。闷闷不乐的心情也是由惰性引起的。强壮、结实、年轻、健康、勇敢，这些都是瑜伽士所拥有的。在瑜伽士看来，一切事物都是令人快乐的，他所见到的每一个人都能够给他带来欢乐。能做到这些就说明他是一个道德高尚的人了。痛苦正是由罪恶引起的。你阴云密布的面孔能说明什么呢？太糟糕了。如果哪一天你的脸色阴郁的话，那一天就不要出门见人了，把自己关在房间里吧。你有什么权利把这种痛苦传染给世人呢？当你能够控制自己思想的时候，你就能控制自己的整个身体了，你不再是身体的奴隶，相反身体成为了你的奴隶，在你的控制之下，身体不再拖灵魂的后腿，相反身体成了你最伟大的助手。

42

极乐来自于知足的心情。

43

通过消灭瑕疵，苦修（mortification）给感官和身体带来力量。

苦修能够收到立竿见影的效果，有时能够提高视力，有时还能够遥听，让人在很远的地方都能听到声音，等等。

44

重复地念诵咒语（Mantra）能够使你与天神合一。

你想要达到合一的成就越高，练习的难度就越大。

45

三摩地是与自在天（Isvara）合一产生的。

通过把自己交托给上主，三摩地就会达到完美。

46

瑜伽的体式是稳固且愉悦的。

接下来要讲的是瑜伽体式。只有姿势稳固了，你才能练习呼吸和做一些其他的练习。所谓稳定的姿势就是你感觉不到自己的身体。一般说来，你刚坐下没有几分钟就会感到身体不同部位的许多不适。但是，当你的思想超越了自己有形的身体，无视身体的存在时，你就会失去身体所有的感觉了。你不再有痛苦或者快乐的感觉。当你重拾身体的感觉时，就会觉得自己精力如此充沛。这就是你能够给你的身体最好的休息了。一旦你成功地控制了自己的身体，而且能让身体保持稳定平衡，那么你的练习也将是稳固的。但是如果你仍然受到身体干扰的话，你的神经系统就会被扰动，你也就无法集中精力了。

47

通过控制不安和冥想，可以使姿势稳固、舒适。

我们可以通过冥想无限存有来保持稳定的姿势。我们无法想象绝对无限的状态，但可以想象无限广阔的天空。

48

练就了舒适的姿势，事物的二元性就不会作为障碍出现了。

事物的二元性是指：善与恶、冷与热以及其他成对出现的对立的事物。在你掌握了体式之后，它们就不会再来打扰你了。

49

练好了姿势，接下来就该练习控制呼气和吸气了（即调息）。

一旦摆好了姿势，我们开始破解和控制普拉那（Prana）的运动。这样我们就该练习调息（Pranayama）了，也就是控制身体里的生命力。普拉那不是呼吸，尽管它经常被翻译成呼吸。普拉那是整个宇宙能量的总和。它也是存在于每一个身体里的能量，它在人体里最主要的表现形式是肺的运动。肺部运动是由吸入普拉那引起的，这是我们在练习调息中想要达成的控制。我们从控制呼吸开始，因为这是控制普拉那最简单的方式。

50

调息包括三个方面，即内部的、外部的或静止的；调息受地点、时间、数量的控制；而且，呼吸可长可短。

调息的运动有三种：一个是吸入空气、另一个是呼气、第三个是把空气控制在肺部或者是防止空气进入肺里（即屏气）。这些呼吸的控制也受时间和地点的限制。“受地点的限制”是指普拉那保持在身体中某些特定的部位。“受时间的影响”是说普拉那被限制在一个地方多长的时间，我们还被告知应该保持这个呼吸运动多长时间，保持下一个呼吸运动多长时间。调息的结果是友达哈地（Udghata），即唤醒处于休眠状态的生命力（Kundalini，昆达里尼）。

51

第四种调息是通过把普拉那集中于外部或内部的对象来

控制住普拉那。

这是第四种调息方式。普拉那可以被引导到体内或体外。

上面的这句经文经常会被翻译成下面的说法："第四种调息方式是指停止普拉那（Prana）在人体内部和外部的运动。"

就像前面那句经文中说的那样，当人体内部和外部的呼吸都受时间、地点和数量的控制，被停止时，就会出现第四种调息方式了。它包括慢慢停止呼气和吸气。前面描述的那段经文和现在说的不同在于，这句经文中的呼气和吸气都受到了限制，而且是通过阶段性的练习才能完成的。它最大的特点就是所有的呼吸运动都中止了，这个中止是在呼气和吸气暂时中断后发生的。不用多说，这些练习就像胜王瑜伽（Raja Yoga）中的其他练习一样，也应该在老师的指导下完成。

52

这样一来，心念光芒上的遮盖物就被削弱了。

心念（Chitta）从本质上说，就是所有的知识。它是由悦性（Sattva）粒子组成的，但却被惰性（Tamas）和激性（Rajas）的物质掩盖住了。通过调息（Pranayama），这些遮盖物就被移除了。

53

思想就会实现专注（Dharana）。

这些遮盖物被移走以后，我们就可以练就专注了。

54

摄心（Pratyahara），是各感官放弃自己的感知对象，收摄回来表现为心灵素材的形式。

感官是处于分散状态的心灵素材。我看见了一本书，看到的形式不在书里，而在心念之中。一些外在的物质唤起了书的形状，但真正的形状存在于心念之中。感官通过它们所感知到的任何外形来辨别。如果你能够控制心灵素材，不让它们以这样的形式出现的话，思想就会保持平静了。这就是所谓的摄心。

55

这样就达到了对感官的最高控制。

只有当瑜伽士成功地练就了防止感官以外部物体的形式出现，而且使它们同心灵素材保持一致，然后他们才能完全控制感官。当感官完全处于控制之下时，每一块肌肉、每一根神经也就在控制之中了，因为人体器官是所有感觉和行动的控制中心。这些器官被分成运动器官和感觉感官。当感官在控制之中时，瑜伽士就可以控制自己所有的感觉和行为了。然后人才会感到生命之欣喜。也只有这样人才会发自内心地说：“感谢上帝让我降临到这个世界上。”只有在控制了感官之后，我们才会真正地感受到自己的身体是多么美妙。

第三章

禅定力量

1

专注（Dharana）就是把思想集中在一些特定的物体上。

当思想集中在某些物体上，不管是在体内还是体外，而且保持这种精力集中的状态时，人就练成了专注的能力。

2

能够持续地关注某一事物时，就是进入禅定（Dhyana）了。

当思想努力去思考某样事物，并集中在某一个特定的点上，比如说头顶或者心脏等，而且仅通过那一部位而不是其它部位成功地感知事物时，那思想就达到专注的程度了。当思想能够长时间地保持这种精力集中的状态时，它就是练就了禅定，也就是冥想。

3

当冥想时，放弃了所有的形式，只注重意义时，这就是三摩地。

三摩地境界是在冥想的过程中，放弃所有的外在形式后才出现的。假设我正在冥想一本书，我逐渐成功地把心念专注到这本书上，然后只感知到发自内心深处的感觉和不以任何外在形式表达出来的意义。这种冥想的状态被称作三摩地。

4

上述这三种状态（专注，禅定，三摩地）合为一体时就是三夜摩（Samyama）。

当人能够把自己的思想集中于某一个特定的物体，并专注在对象上持续很长时间，最后能把这个物体外在形式同内部意义区分开来时，那么他就达到了三夜摩（注：胜王瑜伽中的一种精神状态，它综合了专注、禅定、三摩地。）在练习三夜摩时，专注、禅定、三摩地这三种状态是先后逐次出现的，并且合为一体。物体的形式逐渐消失了，只有它的意义留在了人的思想中。

5

拥有了三夜摩，知识的光芒也就出现了。

当一个人能够成功地练习三夜摩时，所有的力量都会在他的控制之下了。这是瑜伽士伟大的工具。知识的对象是无限的，而且被分成了粗糙的、比较粗糙的、最粗糙的，和精微的、比较精微的、最精微的等几个不同种类的不同等级。三夜摩应该首先运用于粗糙的事物中，当人能够掌握关于粗糙对象的知识时，那三夜摩就可以逐渐地分阶段地被运用到精微的物体上了。

6

三夜摩应该分阶段地练习。

这一点是要告诫人们不要急于求成。

7

这三条（专注，禅定，三摩地）比前面提到的那些更注重精神的东西。

我们前面已经描述过持戒（Yama）、精进（Niyama）、体式（Asana）、调息（Pranayama），摄心（Pratyahara），这五支是后面这三支专注（Dharana）、禅定（Dhuana）和三摩地（Samadhi）的外显部分。人要是练就了后面说到的这三点，他就可能拥有无所不知、无所不在的力量了，但那不是解脱。这三点还不足以使思想成为无余涅槃（Nirvikalpa），永恒不变，但是播下了再次得到人身的种子。正如瑜伽士所说的那样，这些种子只有在“被油炸”过后才会丧失生根发芽的机会。这些力量是不会把这些种子油炸的。

8

这三者也只是无种三摩地（Seedless Samadhi）的外在境界。

同无种三摩地比起来，这三点也只能算是外部的。我们还没有达到真正的、最高的三摩地境界，我们还处在一个相对比较低的阶段，在这个阶段宇宙就像我们所看到的那样仍然存在着，在这个阶段我们在这一章讲述的所有力量依然存在。

9

通过压制干扰思想的印迹和控制思想的产生，据说，处于控制中的思想就获得了控制性的改变。

也就是说，在三摩地的第一个阶段，思想的变化是受到控制的，但还不是完全被限制住了，因为如果是完全被控制了的话，就不会有任何变化了。如果存在一种变化强迫思想通过感觉涌现出来的话，瑜伽士就会控制住它，这种控制本身也将是一种思想变化。一个波浪被另一个波浪控制住，因此这不是真正的三摩地了，真正的三摩地是所有的波浪都退去，而控制本身就是一个波浪。但是比起思想不断翻涌的状态来说，这种初级的三摩地离高级的三摩地已经算是很接近了。

10

通过练习形成习惯后，思想的流动会变得越来越稳定。

通过日复一日的练习，持续控制下的思想流动可以变得越来越稳定，思想从而获得了持续专注的能力。

11

接受形形色色的物体和只专注于一个物体这是两种不同的力量，如果破坏前者的力量，而显现后者的力量，心念获得的改变被称作三摩地。

一般说来，思想会接受许多不同的物体，研究形形色色的事物，这是一种比较低级的状态。思想还有一种比较高级的状态，那就是只专注于一种物体，排除了其他所有的物体，这种状态的结果就是三摩地。

12

心念专注一处是当过去的印象和现在的印象合而为一时获得的。

我们怎么才能知道思想已经专注了呢？时间将从思想中

消失。时间在不知不觉中流逝的越多，我们的精力就越专注。在每天的日常生活中，我们知道当我们对一本书感兴趣时，我们一点也不会意识到时间的流逝，当我们放下书时经常会吃惊地发现时间已经过去几个小时了。所有的时间似乎都集中来到当下这一刻。因此，定义就出来了：当过去和现在共存于当下时，思想就更加专注了。

13

这里解释了在精微或粗糙物质和器官中跟形式、时间和状态有关的三重变化。

前面已经解释了心灵素材的三重变化，即形式、时间和状态在粗糙物质、精微物质和器官中的变化。假设现在有一堆土，当把土变成陶罐时，它就失去了土的形状拥有了一个陶罐的形状。这就是 “形式的变化” 。关于“时间的变化”，首先要知道时间分为三种：过去、现在、将来。人们可以在这三个时间的任何一个阶段观察那个陶罐。最后，这个陶罐可能被认为是新的、旧的，或者是将要做成的陶罐。这就是所谓“状态的变化” 。现在我们再看第 9、11、12 节的经文，心灵素材变成了心念，这就是形式的变化。心灵素材经历了过去、现在和未来，这是时间的变化。最后，当干扰思想的印迹足够强大而控制这种干扰的印迹却相对较弱时，这些都是状态的变化。既然思想是一个器官，因此就可以说器官有状态、时间和形状的转变，就像文章中提到的那样。物质的转变方式也是类似的，在前面我们也已经解释过了。在前面的经文中所教的专注是给瑜伽士提供了一个主动控制心灵素材转变的方法，尽管专注本身就能让他达到前面提到的三夜摩。

14

不管是过去还是现在受到变化影响的，或未来将会显现出来的物质，都是受限的物质。

也就是说，“受限的物质”是指那些受到时间、因果业力影响的，而且一直不断被改变和显现的物质。

15

持续的变化导致了多种多样的进化。

16

在三种变化的基础上练习三夜摩就可以获得过去和将来的相关知识。

我们必须牢记给三夜摩所下的定义。当思想达到了这样的状态，也就是思想能够排除外部的印象仅通过物体内部的印象辨别出自己，而且在长时间的练习后内部的印象就保留在了思想中，并且思想能够在很短的时间内就能进入那种状态，这种思想状态就被称作三夜摩。一个处于这种状态的人如果想要了解过去和未来的话，他就必须随着因果业力的变化练习三夜摩。一些业力在今生运作，还有一些业力已经有结果了，还有一些要等待来生起作用。因此通过练习三夜摩，人们就可以知道过去和未来。

17

在单词、意义、知识这三个通常是混淆的东西上练习三夜摩，就可以听懂所有动物发出的声音了。

“单词”代表外部原因；“意义”代表的是内在的震动，这种震动经过感觉器官的传导到达大脑，把外部物体的印象传达给思想；“知识”是指大脑的反应，就这样才产生了知觉。这三者混合起来就组成了我们的感知对象。假设我听到了一个单词。这是首先来自外界的震动，接下来听觉器官将内部的感觉传送给思想；然后思想做出反应，我也就明白了这个词的意思。我明白了这个单词是三种运动的结合体：震动、感觉、反应。通常说来，这三种运动是不可分离的，但是通过练习，瑜伽士可以把它们分离开来。当一个人能够练到这个程度时，如果在听到的每一个声音上练习三夜摩的话，他就会理解那个声音想要表达的意义，不管他听到的那些声音是人发出的，还是其他的动物发出的。

18

通过感知印象就可以掌握有关前世的知识。

我们所拥有的每一个经历都是以波浪的形式来到我们的思想中，这些经历会慢慢淡化变得越来越精微，但是永远不会消失。这些经历会以非常细微的方式保留下来，如果我们能够再次唤起这个波浪的话，这些经历就会成为一种记忆。因此，如果瑜伽士能够对思想中储存的过去印象练习三夜摩的话，他们就可以忆起过去世的生活。

19

对别人身体的记号练习三夜摩的话，就可以了解那个人的思想。

每一个人的身体上都带有特别的记号，这些记号把他同别人区分开来。当瑜伽士对某一个特定的人身上带有的特别记号练习三夜摩的话，他就能了解那个人的思想本质了。

20

但不能了解思想的内容，因为那不是三夜摩的练习对象。

对某一个人身体练习三夜摩不会知道那个人思想的内容。要知道别人心里想什么需要一个双重的三夜摩，首先是对身体的记号，然后是对思想本身。只有这样，瑜伽士才可以知道那个人全部的思想，包括过去、现在和未来。

21

对身体的外形练习三夜摩，能够阻止感知形状的能力，隔离眼睛的成像能力，瑜伽士的身体就隐形了。

瑜伽士站在房间中央就可以消失。他不是真的消失，但他不会被任何人看见。他的外形和身体分离开来。你必须记住，只有当瑜伽士获得了将外形和物质分离的专注能力，才能达到此状态。然后他再对此练习三夜摩，感觉物体形状的能力就被阻止了,因为感知物体形状的能力来自于物体与其外形的结合。

22

用这种方式也可以解释为什么瑜伽士说出的话会消失或者不被人听见，以及其他种种类似的事物。

23

业力分为两种：有的会很快就结果，有的要等到以后才能结果。对业力练习三夜摩，或者是对被称作预兆（Arishta）

的符号练习三夜摩，瑜伽士就可以知道自己死亡的时间。

当瑜伽士对自己的业力练习三夜摩，对他思想中正在起作用的印迹和那些将要产生结果的印迹练习三夜摩时，他能知道自己死亡的确切时间，尤其是通过那些即将产生结果的印迹。他知道自己什么时候死，知道确切的时辰，甚至知道是在哪一分钟。印度人非常重视这种临近死亡的知识或意识，因为在《薄伽梵歌》中有这样的教导，人在临近死亡那一刻的思想是决定来生的重大力量。

24

对友善、慈悲等优秀的品质练习三夜摩，瑜伽士在这些方面可以具有相应的品质。

25

对力大无比的大象以及其他的动物练习三夜摩时，瑜伽士就可以拥有这些动物所具有的力量。

当瑜伽士已经练成了三夜摩，并且想要拥有巨大的力量时，他可以对力大无比的大象练习，从而也就拥有了大象的力量。所有的人都可以拥有随意支配的无限力量，只要他知道如何得到这些力量。瑜伽士已经发现了得到这种力量的科学。

26

对闪耀的光芒练习三夜摩，可以知道精微的事物，隔绝的事物和遥远的事情。

瑜伽士对心中闪耀的光芒练习三夜摩时，就可以遥视远方的事物，例如，他可以看见远处发生的事，被大山隔绝的事物，也可以看见非常精微的事物。

27

对太阳练习三夜摩，可以知道世界所有的知识。

28

对月亮练习三夜摩，可以知道关于星际的知识。

29

对北极星练习三夜摩，可以知道有关星体运动的知识。

30

对脐轮练习三夜摩，可以知道身体构造的知识。

31

对喉轮练习三夜摩，可以知道如何停止饥饿的感觉。

一个饥饿的人，如果他能对喉轮练习三夜摩，饥饿感会消失。

32

对库尔玛（Kurma）神经练习三夜摩，可以保持身体的稳定性。

在他练习瑜伽的时候，他的身体是不会受到打扰的。

33

对头顶散发出的光芒练习三夜摩，可以看到超灵（Siddhas）。

超灵是那些比幽灵高一点的存在。当瑜伽士专注于头顶上的光时，就能看到超灵。Siddha 这个词不是指那些已经达到自由的人，但在某种意义上这个词经常被这么用。

34

或者通过真知（Pratibha）的力量，便可获得所有的知识。

对于拥有真知（Pratibha，因纯净而来的开悟）力量的人，即使他们不练习三夜摩，也能掌握所有的知识。当一个人上升到了这一至高境界时，他就可以拥有了自性之光。所有的东西在他看来都一目了然。无需练习三夜摩，一切事物都很自然地来到他的面前。

35

对心灵练习三夜摩，就可以拥有思想的知识。

36

欢乐来自于灵魂和智慧（Sattva）的无分别，灵魂和智慧是完全不同的。智慧的行动是为了灵魂。对自我中心练习三夜摩，可以获得关于灵魂的知识。

灵魂（Purusha）和限制原初物质的智慧是两个完全不同的东西。但是灵魂是通过智慧反映出来的，而且把它把智慧的其他状态，诸如幸福、痛苦区分开来，从而认为灵魂是幸福的或者是痛苦的。智慧的经历不是为了自己的利益，而是为了灵魂。智慧还有一种为自己服务的状态。在这种状态下，灵魂没有“我”“我的”感觉。因为是纯净的，智慧在灵魂的光芒照耀下变得无所不在，智慧只反映灵魂，变得越来越会反省自己，智慧只跟灵魂有关系，而且独立于其他所有的关系之外。当人专注于智慧的某一个方面时，人就可以得到关于灵魂的知识了。对纯净的知识练习三夜摩的原因，是因为灵魂本身从来都不会成为知识获取的目标，因为灵魂是有知识的。

37

由灵魂产生的（超自然的）听觉、触觉、视觉、味觉和嗅觉，是属于真知（Pratibha）的知识。

38

这些是阻挠三摩地的障碍，但是他们是存在于尘世间的力量。

对瑜伽士来说，关于尘世间的所有快乐是在灵魂和思想结合的时候产生的。如果他想在知道了物质世界和灵魂是两个不同的事物的基础上练习三夜摩，那他就知道了灵魂。辨别力也由此产生了。当他拥有了这种辨别力，他也就得到了真知，至高无上的天赋之光。瑜伽士获得的力量却是达到最高目标的障碍，最高目标是指关于纯粹灵魂和自由的知识。这些只是他在达到最高目标的过程中能够遇到的，如果瑜伽士能把这些障碍拒之门外的话，他就能达到最高目标了。如果他们的目标是获得这些力量，他们通向最高目标的路就会遇到障碍。

39

当造成心念束缚的原因松开后，瑜伽士通过运动神经流的知识可以进入另一个人的身体。

瑜伽士能够进入一具死尸，让这具尸体站立起来走动，甚至瑜伽士可以在这个身体中运动。瑜伽士也可以进入一个活人的身体，控制那个人的思想和器官。瑜伽士能够做到这一点是因为他能分辨灵魂（Purusha）和物质世界。如果他想进入别人身体的话，他只需要对那个人的身体练习三夜摩就可以进入了，因为，正如瑜伽士所教导的那样，不仅他的灵魂无所不在，他的思想也是无所不在的，它是整个宇宙思想的一部分。尽管现在它只能通过身体里的神经流发挥作用。但是，当瑜伽士渐渐摆脱了神经流的束缚，他的思想就可以在其他的身体中发挥作用了。

40

当瑜伽士控制了叫做优答那（Udana）的神经流时，他就不会沉入水中或者陷入沼泽了，他也可以在荆棘上行走，也可以按照自己的意愿安排死亡。

优答那是一个控制肺部和身体上半部位的一个神经流。一旦瑜伽士控制了这个神经流的话，他就可以变得非常轻巧。在水中他不会下沉，他可以在荆棘、锐利的刀锋以及熊熊烈火上行走，而且只要他愿意可以随时离开这个生命。

41

通过控制沙马那（Samana）的流动，瑜伽士周身可发出光芒。

只要他愿意，光芒就会洒满他的全身。

42

对耳朵和以太（Akasa）的关系练习三夜摩就会拥有超凡的听力。

Akasa 就是以太，耳朵就是工具。通过对它们练习三夜摩，瑜伽士就可以拥有超凡的听力，他可以听到任何他想听的声音。

他也可以听见好几英里之外发出的声音。

43

对以太（Akasa）和身体之间的关系练习三夜摩，瑜伽士变得如棉花或者羊毛般轻盈，他就可以在空中飞行。

以太是组成身体的物质之一，正是以太在一定形式上成为身体。如果瑜伽士能够对组成身体的以太练习三夜摩的话，他就获得了以太的轻盈，可以在空气中到达任何一个地方。

44

对思想的真变化练习三夜摩，瑜伽士可以离开身体，这被称为出体（disembodiness），自性光芒的覆盖物就会消失不见。

思想会愚蠢地认为自己仅仅在一个身体里起作用。如果思想是无所不在的，为什么我会被一个神经系统限制住，把自我局限在一具身体上呢？没有任何理由可以让我这样做。瑜伽士想在任何时候都能感觉到自我的存在。当他成功地对此练习了三夜摩，所有掩盖自性光芒的物体都会消失不见，黑暗和无明也将消失。在他面前的一切事物都充满了学问。

45

对组成物质的大小元素（也是三德固有的元素）练习三夜摩，也是通过对灵魂的贡献练习，瑜伽士就可以控制所有组成物质的元素了。

瑜伽士先后对粗糙元素和精微元素练习三夜摩。练习这种三夜摩的大部分是佛教信徒。他们拿起一把黄土练习三夜摩，渐渐的他们就能看清组成土的精微元素。当他们知道了所有组成土的精微元素之后，他们就可以控制这些元素了。从而也就可以控制所有的元素。瑜伽士也就可以征服所有的元素了。

46

通过以上的练习，瑜伽士可以随意变小或者变大，获得其它的力量，拥有值得骄傲的身体，和坚不可摧的体质。

这意味着瑜伽士拥有了八种超自然的力量。他可以让自己变得微小如芥子，巨大如须弥山，厚重如地球，轻盈如空气。

他可以得到任何想要的东西，也可以随意统治任何事物，他可以征服任何他想要征服的东西，任何他想要的东西他都可以做到。雄狮在他面前会像一只羔羊那么温顺，他可以实现自己所有的欲望。

47

“值得骄傲的身体”意味着拥有美丽的外表、健康的肤色、强大的力量和坚韧的毅力。

身体变得坚不可摧。没有东西可以伤害到他。任何东西都无法破坏它，除非瑜伽士乐意被其伤害。“没有了时间的限制，在宇宙中他可以一直存在于这个身体之中。”《吠陀经》中这样写道，对于这样的人来说没有疾病、死亡或痛苦。

48

通过对器官的感知目标和获得的知识练习三夜摩， 然后对自我意识和自我意识中三德(Gunas)的内在属性练习三夜摩，最后在它们对灵魂体验的贡献上练习三夜摩，瑜伽士就可以控制器官了。

在感知外部物体的过程中，那些感觉器官就会离开思想走向这些需要被感知的物体，随之而来的是知识和自我意识。当瑜伽士在逐层对它们练习三夜摩时，他就可以征服器官了。拿起任何你看到的或者感觉到的东西，例如一本书，首先把精力集中在书上，然后再把精力集中在书外在呈现的知识上，然后把精力集中在看这本书的自我意识上等等。如果能这样一直练习下去的话就可以征服所有的器官了。

49

通过这样的练习可以让身体拥有快速运动的力量，速度之快就像思想的运动一样，器官的力量也可以独立于身体，然后还可以征服物质世界。

就像征服了元素就可以拥有一个值得骄傲的身体一样，战胜了所有的器官就可以获得上面所提到的那些力量。

50

在能辨别智慧（Sattva）和灵魂（Purusha）区别的基础上练习三夜摩，就可以无所不知、无处不在。

当物质世界被征服之后，瑜伽士认识到灵魂（Purusha）和物质世界之间的不同，灵魂是坚不可摧、纯净、完美的，就可以达到无所不知、无处不能了。

51

放弃这些力量就可以摧毁所有罪恶的种子，从而瑜伽士达到了解脱（Kaivalya）。

瑜伽士获得了独立自主，变得自由了。当一个人放弃了无所不能、无处不知的力量后，就可以完全拒绝享乐的欲望了，可以拒绝来自天人的诱惑。当瑜伽士在见识过这些伟大神奇的力量之后又放弃了它们，那他解脱的目标也就达到了。这些神奇的力量究竟是什么呢？仅仅是一些显化而已。它们跟梦境没有什么区别。无所不能的力量也是一个梦而已。这都取决于思想，只要思想还存在，就能理解这点，但是真正的目标是超越思想的。

52

瑜伽士不应该被天人的提议诱惑或沾沾自喜，以免邪恶力量重现。

还有一些其他的危险，天人和其他的生灵会来诱惑瑜伽士。他们不想让任何人得到完全的自由。他们就像我们凡人一样有嫉妒心，甚至有的时候嫉妒心比我们还要强。他们非常担心失去现在的地位。那些没有达到完美的瑜伽士在死后就变成了天人，他们脱离了原来的正路，走到了岔路上，获得了那些神奇的力量。于是，他们还要再轮回。但是那些意志坚强的、能够抵御这些诱惑的人，就可以直接走向目标，获得完全的自由。

53

通过对一刹那和它之前之后的时间练习三夜摩，就可以拥有辨别力。

我们如何才能避免所有的这些——天神（Devas）、天堂和神奇的力量呢？只有通过能区分是非好坏的辨别力了。因此，练习三夜摩可以提高和加强人的辨别力。要做到这一点，就要对一刹那和它之前之后的时间练习三夜摩。

54

那些不能按照种类、形状、地点来区分的东西，可以通过上面提到的三夜摩区分开来。

我们承受的所有痛苦都源自于我们的无明，没有明辨真假的能力。我们都是把坏事当作好事，把梦境当作现实来看待。灵魂是唯一真实存在的，但是我们却把它忘在了脑后。身体是虚假的梦境，但是我们所有人都把身体当作真实的。这种不能明辨是非真假的能力导致了我们所有的痛苦。这些都是由无明而产生的。一旦拥有了辨别力，也就有了力量。然后我们就可以不再有关于身体、天堂、上帝和天神的众多想法了。我们的无明来自于参照种类、形状、地点来区分不同的物体。我们就拿奶牛来做例子吧。奶牛和狗就属于不同的种类。就算只存在奶牛这么一个物种，那我们怎么能把一只奶牛同其他的奶牛区分开呢？通过外形就可以区分了。如果两个外形完全相似的物体，只要它们在不同的地方也可以区分开。如果物体非常含混不清，这些区分的方式也无法把它们分别开的话，我们前面提到过的练习得来的辨别力就可以帮助我们把这些物体区分开来了。瑜伽士最高的哲学理论就是建立在这个事实的基础上的：

灵魂（Purusha）是纯净完美的，而且灵魂是宇宙中唯一“单纯”存在的物质。身体和思想是混合而成的，但我们仍然把自己当成身体和思想。当人获得了神奇的辨别力，那他看到的世界上所有的事物，不管是精神的还是物质的，都是一个混合物，但是只有灵魂（Purusha）是独立存在的。

55

拯救的知识是指分辨的知识，它同时包括了所有物体和物体的所有变化。

这种知识之所以被称作“拯救”是因为它能带领瑜伽士穿越生和死的海洋。所有状态下的原初物质（Prakriti），不管是粗糙还是精微的，这些都在被称作“拯救”的知识的控制之内。这种知识不能被持续不断的感知到，它在瞬间同时领会了所有的事物。

56

解脱（Kaivalya）来自于智慧（Sattva）和灵魂（Purusha）纯净的相似性。

当灵魂意识到它本身不依赖于宇宙中从诸神到最小的原子中任何东西时，它就达到解脱和完美的状态。解脱就是它的最终目标。当灵魂达到这种状态时，它会意识到自己原来一直都是单独的，是“遗世独立”的一员，而且它也不需要任何东西来让自己感到幸福快乐。只要我们还需要一些人或事才能让自己感觉幸福和快乐，我们就还一直在做奴隶。当灵魂意识到自由就是它的本性，它不需要任何东西来使自己达到完美，而且当它知道自然是转瞬即逝、真正无意义的时候，就是灵魂获得自由、真正独立于自然的时刻。这种状态是在组成思想的瑕瑜混合体已经变得像灵魂本身一样纯净的时候才能达到，然后智慧和思想只能反映纯净的绝对本质，即灵魂。

第四章

解脱自在

1

各种法力（Siddhis）对于一些人来说是天生的，还有一些人是通过神奇的化学药物、念诵咒语、苦修、静坐冥想才能获得。

有些人天生就拥有法力，当然，他也有可能在前生就获得了这些力量。今生他来到这个世界上享受前世修来的成果。据说，伟大的数论哲学家之父迦毗罗（Kapila），就是一位天生的成就者，确切地说：他是一位成功达到解脱的人。

瑜伽士声称这些超自然力量也可以通过化学药物达到。众所周知，起初化学的发展是从炼金术开始的，人类寻找点石成金术和长生不老药等。印度曾经有一个叫“水银派（Rasayanas）”的教派。在这个教派的人看来，理想、知识、灵性，以及宗教都是非常有用的，但身体是能够达成这些的唯一工具。如果身体消逝不在了，人类会花费更多世的时间才能达成目标。比如说，一个人想练习瑜伽或者拥有灵性，但是在他取得显著成就之前他的生命就终结了，那么他就会依附在另一个身体上重新开始练习，然后他的生命又结束了，就这样周而复始循环下去。以这样的方式，许多宝贵的时间在生死流转中被浪费掉了。但是，如果人的身体能够强壮而完美，就会免于这疲惫的生死循环，我们就会有更多的时间获得灵性的成长。

因此，这些水银派信徒认为，我们首先应该强身健体。他们声称，人的身体是可以长生不死的。他们的观点是，如果是人的思想造就了身体，而且“每个思想是人类无限精力发泄出来的唯一出口”这个观点是真的话，那么，思想这个出口也就会畅通无阻没有限制地从外界汲取力量。因此，我们能够保证自己的身体永世长存还有什么不可能的吗？我们必须制造所有我们曾经拥有过的身体。一旦目前存在的这个身体消逝死亡了，我们就应该去制造另一个身体。如果我们可以这么做的话，我们为什么不趁着现有的身体还存在着马上就开始行动呢！这种理论是完全正确的！如果我们死后还是有生命的，还能制造其他的身体，那么我们为什么不能现在就拥有制造身体的力量，不必等到我们的身体完全消亡化为灰烬，我们应该可以只是简单地不停更新自己的身体。他们也认为在水银和硫磺中隐藏着最为神奇壮观的力量，一个人通过特定的制剂可以想活多久就活多久。还有一些人认为，某些药物可以给人带来不寻常的力量，例如，可以使人在天空中自由飞行等等。现如今的许多功效最神奇的药物都应归功于水银派，尤其是在药物中加入金属的成分。一些瑜伽流派声称，他们那些最伟大的瑜伽老师仍然存活在自己的身体里。瑜伽的伟大先师巴坦加利（Patanjali）也承认这是真实不虚的。

念诵咒语：有一些被称作“咒语（Mantra）”的神圣语言，它们很有力量，如果在适当条件下反复念诵时，就会产生出巨大无比的力量。我们终日生活在如此众多的奇迹之中，但又把这些奇迹视为理所当然的事。人的力量、语言的力量、思想的力量都是不可限量的。

苦修：你会发现，任何一个宗教都要练习克制欲望和苦修。在这些宗教概念里，印度教徒很容易就走了极端。你会发现有些人会一生都高举着他们的双手，直到双手萎缩、坏死。他们还会不分昼夜地一直双脚站立着，直到双脚浮肿，如果他们能活着，他们的双腿也已经变得非常僵硬，以至于再也无法弯曲，他们不得不终生以这个姿势站立着。我曾经遇见过这样一个人，他的双手就是像我前面描述的那样举着，然后我问他最初这样举起双手的时候是什么感觉。他回答说那简直就是一种无法忍受的折磨。为了缓解这种折磨，他不得不走进河流把自己浸泡在水中，以此来减轻一些痛苦。就这样坚持了一个月后，他感觉不再像开始练习时那么受罪了。正是通过类似这样的练习，人们才能获得梦寐以求的功力。

静坐冥想：专注就是三摩地，这是瑜伽的真谛，三摩地是瑜伽这门科学最重要的主题，也是最高阶的方法。前面提到的那两点跟静坐冥想比起来只是次要的，而且仅通过那两点我们也无法达到最高目标。通过练习三摩地（Samadhi）我们可以获得一切，包括精神、道德或灵性的所有一切。

2

生命从一个物种变成另一个物种，是通过本性的注入。

巴坦加利提出理论说，这些力量有些是与生俱来的，有些是通过化学方法获得的，或者通过苦修得来，同时，他承认这个身体可以保持任意长的时间。现在他继续陈述引发身体变成另一个物种的原因，他说，这是由于注入本性。下一段经文我们会解释这一观点。

3

人类的善举或恶行不是导致本性变化的直接原因，但是他们却能在人类进化的道路上扫除障碍。就像那往前流淌的河流，当农民清除那些阻止水前行的障碍时，水就会按照它原来的流向继续前进。

用来灌溉土地的水已经被引入了水渠，只是暂时被水闸门挡住了去路。只要农民打开了闸门，水就会在万有引力的作用下自然地流淌了。人也是如此，人天生就具有前进的动力和无穷的力量。完美是人类真正的天性，人类的完美只是暂时被挡住，脱离了它原来可以取得成功的道路。只要能有人排除了障碍，本性就自然涌动，人就会收回原本属于他的力量。那些被我们认为罪恶的人最后也会变成圣人，只要障碍被破除，完美的本性涌动起来。正是人的本性驱使着我们去追求完美，最终它也会把每个人带到完美的境界。所有这些为了获得虔诚的心灵所经历的练习和挣扎都是消极的行动，只有去除障碍，打开通向完美的大门，才能获得我们与生俱来的权利和我们的本性——完美。

古代瑜伽士所持的进化理论在现代研究手段的帮助下变得更容易让人理解。但是瑜伽士自己的理论是一个更好的解释。现代人提出了两个导致进化发展的原因：性别选择和适者生存，其实这两个理由并不充分。假设人类的知识发展足够先进，可以消除为了获得食物和配偶过程中引发的竞争，那么根据现代的进化理论，人类的发展会终止，人类这个物种会从地球上消失。这个理论的目的是为那些暴虐的统治者提供可以消除良心不安的借口，人类并不缺乏那些冒充哲学家的人，他们想要杀光所有恶人和无用的人（当然，他们是判断谁可以活下来的唯一法官），并通过这种方式来保留人类这个物种。但是伟大的古代进化论学者巴坦加利称，人类进化的真正秘密是为了表现早就存在于每个生命体中的完美性，只是这种完美性被阻止了没有表现出来，但这阻碍背后的无尽水流还是努力挣扎着来表达显现自己。所有这些挣扎和竞争也不过是人类无明的结果，因为我们不知道如何去打开闸门从而让水流进来。这些背后无尽的水流必须要表现自我，这是所有显化的原因。为了生存或得到性满足而进行的竞争是短暂的、不必要的、无效果的，是无明导致的。就算所有的竞争都已经结束了，人类完美的本性还会促使我们继续前进，直到所有人都达到至善的完美境地。因此，我们就没有理由相信竞争是人类进步的必要条件。人性在动物性中被压制着，但是一旦这个阻碍他前进的门打开了，人性就会蜂拥而出了。因此，每个人的内在本自具足，只是被无明束缚和阻碍了。当知识打破这些障碍的时候神性也就显现出来了。

4

瑜伽士仅从自我意识创造出思想。

业力的理论说，善行有善报，恶行有恶报，哲学就是来帮助我们认识到人类是神圣伟大的。所有的经文都在歌颂人类的荣耀和灵魂的伟大，与此同时，他们还宣扬因果报应。做好事会带来好的结果，做坏事会带来坏结果。但是，如果善行或恶行就能对伟大灵魂起作用的话，那么灵魂也就没有价值了。做坏事就会为自性显现设置障碍，做好事就能扫除这些障碍，并让灵魂（Purusha）的荣耀显现出来。灵魂本身是始终如一、从来都不会变化的。任何所作所为都不能破坏自身的荣耀和本性，因为任何行为都不能左右灵魂，只是遮盖了它完美的真面目。

为了能够尽快消业，瑜伽士创造了化身（Kaya-vyuha，身体的扩展），或者很多身体，借助于这些身体来消耗业力。他们从自我意识中为不同的身体创造出不同的思想。这些就被称作“再造思想”以区别于他们原来的思想。

5

尽管这些再造思想的行为各不相同，但是原始思想才是它们的掌控者。

这些在不同的身体里活跃着的不同思想被称作“再造思想”，身体被称作“再造身体”，也就是说他们是被制造出来的身体和思想。物质和思想就像是两个取之不尽的仓库。当你成为一名瑜伽士的时候就会学到控制它们的奥秘。它本来就一直属于你，只是你忘记了它。当你成为一名瑜伽士就会重新忆起它了。然后你就可以利用它来做任何事情，用任何你喜欢的方式来控制它。用来创造再造思想的物质也正是组成宇宙万物的物质。思想和物质并不是两个互不相干的事物，他们是同一件事物的不同方面。我慢（Asmita）、自我意识是原材料，是瑜伽士再造思想和再造身体所使用原材料的精微状态。所以，当瑜伽士发现了这些自然能量的秘密时，他可以创造出任何数量的身体或思想，但它们都是通过自我意识这个原材料制造出来的。

6

在众多不同的心念中，只有通过三摩地得到的才是没有欲望的。

存在于不同的人中的众多不同的思想，只有通过三摩地得到的、完全专注的思想才是最高级的。有些人是通过化学药物、咒语或者苦修来获得了一定的力量，但是通过这些手段得到的思想中还是存在欲望。但是那些通过专注而达到三摩地的人，才是完全无欲无求的。

7

瑜伽士的业是非白非黑的（既不是邪恶的也不是善良的），其他人的业有三种：黑的、白的、黑白混合的（善恶兼有）。

当瑜伽士达到至善的境界后，他们的行为以及行为造成的结果并不会束缚他，因为他是没有欲望的。他只是埋头苦修，他的业是为了做善事，而且也确实是在做善事，但是他并不在乎业的结果，业报将不会影响他。但是对那些还没有达到这种至高境界的普通凡人来说，业有三种：黑的（邪恶）、白的（善良）、混合的。

8

在这三重性质的业力中，只有那些适合自己环境而存在的欲望才能表现出来。其他的欲望暂时都被搁置了。

假设我已经做出了三种具有因果报应的事：善举、恶行、善恶兼有的行为，假设我死后进了天堂成了天神。存在于天神身体里的欲望跟普通人类身体里的欲望是不同的。神的身体是既不需要食物也不需要水的。如果我过去的行为还没有得到业报，会是哪一种报应能导致有吃饭喝水的欲望呢？如果我变成了天神，那些因果报应又会去了哪里呢？答案是，这些欲望只有在合适的环境下才会表现出来。只有合适的环境出现时，欲望才能活跃地表现出来，其他的欲望只能被储存起来。一生之中，我们有神性的欲望、人性的欲望、还有动物性的欲望。如果我以神的身体存在，也就只有神的欲望会存在，因为有适合他们的环境。如果我以动物的形式存在，也只有动物的欲望才活跃地表现出来，神的欲望就得靠边站了。这又说明了什么呢？这说明我们可以通过控制环境来控制自己的欲望。只有在适宜和恰当的环境下，业力才会显现。这说明环境的力量是巨大的，它能控制因果报应。

9

欲望是前后连贯的，尽管它们所属的种类不同、所处的空间不同、时间也不一样，却有着对记忆和印迹的认同。

变得微妙的经历会成为印迹，重新被拾起的印迹变成了记忆。这里所说的“记忆”包括当前有意识的行为和过去经历弱化成了印迹的无意识部分。对每一个身体来说，只有在相似身体里得到的那组印迹才会成为这个身体行动的原因。那些在其他完全不同的身体里的经历被暂时搁置。每一个身体都会把自己当作同一物种所属的许多身体的继承者，他就以这样的身份去行动，这样，欲望的连续性就不会被打乱了。

10

追求幸福的渴望是永恒的，欲望没有起点。

追求幸福的欲望先于人类其他所有的经历。我们无法追溯人类经历的源头，因为每一个新的经历都是建立在过去经历的基础上的，所以说欲望是没有起点的。

11

欲望是由原因、结果、承载、对象共同组成的，没有它们也就无所谓欲望的存在。

欲望是由原因和结果共同组成的，一旦一个欲望被点燃，不制造出什么结果来它是不会消失的。再者，心智是一间大仓库，承载过去已经形成因果业力的所有欲望，如果不产生什么结果它们是不会消失的。而且，只要感官还在接触外界的对象，新的欲望就会产生。如果有可能摆脱造成欲望的原因、结果、承载和对象，欲望自己也就会消失了。

12

过去和未来，按照不同的方式存在于它们各自的本性和品质中。

巴坦加利所持的观点为：虚无不会产生存在的事物。过去和未来尽管不是以明显的形式存在，但以一种精微的形式存在着。

13

过去和未来或显现，或以精微的形式存在，三德（Gunas）是它们的本性。

三德（Gunas）指的是以下三种东西：悦性（Sattva），激性（Rajas），惰性（Tamas）。它们粗糙的存在状态是我们可以感觉到的宇宙。过去和未来源自于这些三德不同的显现方式。

14

事物的统一性来自于变化的统一性。

尽管这是三种不同的物质，它们的变化是协同发生的，所有的物体都有着统一性。

15

既然人们对同一个对象的感觉和欲望是不同的，思想和对象的本质也就不同了。

也就是说，有一个独立于我们思想的客观世界存在着。这个观点同佛教唯识宗的观点是相悖的。因为不同的人看待同一件事物的方式不同，世界也不可能仅仅是特定个体的想象。

16

不管事物对思想来说是已知的还是未知的，事物是靠它留给思想的染着而存在的。

17

人的思想状态一直都是可以了解的，因为思想之王——灵魂，是不变的。

这个理论的根本点是说，宇宙既是精神的也是物质的。

物质和精神都处在一个接连不断流动变化的状态。那么这本书呢？这本书是分子在持续变化中的一个集合体。一部分分子出去了，另一部分分子又进来了，形成一个漩涡。那么又是什么组成了整体呢？又是什么让它组成同一本书呢？变化是有节奏的，它们以和谐有序的方式向我的思想中传输印象，然后这些片段又组合成一个连续的画面，尽管每一部分都在持续不断的变化着。同时，思想也是在持续变化着的。思想和身体就像同一样物质的两个层面，以不同的速度运动着。一个速度快些，另一个速度慢一些，我们可以根据运动状态区分出它们来。比方说，一列火车行驶着，它的旁边有一辆马车也在移动。在某种程度上，很容易就可以判断出这两辆车都在移动。但还是有必要参考一下其他的物体。只有当静止不动的物体存在时，运动的物体才能被感知到。但是，当两个或者三个物体在做相对运动时，我们首先会发现那个运动相对比较快的物体，然后才会注意到那个相对速度慢一些的物体。思想又是如何感知的呢？思想也是流动变化的。因此也有必要找一个运动速度比较慢的物体，这样你就会想找出一个速度更慢一些的物体来，就这样重复下去，最后你会发现这样是没有尽头的。因此，逻辑思维能力就会迫使你在某一点上停下来。你必须知道一些从来不变化的东西才能终止这一系列的循环。在这永远没有尽头的运动链背后的是——永恒不变、未被染着、纯净无瑕的灵魂。

所有的印迹都是灵魂的投射，就像一架摄像机的光束投影到屏幕上，显示出许多画面，却没有在屏幕上留下任何污点。

18

思想作为一个对象时是不会自己发光的。

思想发挥的巨大威力随处可见，但是它本身并不会发光，不是本具智慧的。只有灵魂是自带光芒的，它所发出的光芒普照万物。正是灵魂的力量渗透到世间万物并产生影响力。

19

思想不能同时意识到两样事物，因为思想本身是不会发光的。

如果思想本身可以发光，它就能够同时意识到自身和它所感知到的不能发光的事物，但它做不到。如果它能意识到物体，它就不能感知自己了。因此说，灵魂是可以自己发光的，但是思想却不能。

20

如果假设存在另一个思想来感知这一个，那么这种假设就会无止境地进行下去，结果就是造成了一个混乱的记忆。

我们首先假设有另一个思想可以意识到其他普通思想，那么就还会有第三个思想可以意识到前面所说的那个思想，如此持续循环下去就永远都不会有尽头了。结果就会导致混乱的记忆，也就没有存储记忆的容器了。

21

知识的本质（即灵魂）是不变的，当思想变成灵魂的形式，它就变得有意识了。

巴坦加利说这番话是为了让人们更清楚地认识到知识并不是灵魂的特性。思想接近灵魂的时候，灵魂就好像投射到了思想上，此时思想变得有意识，就好像它就是灵魂似的。

22

在观者和被观察对象（Seer and the seen）的影响下，思想能够理解一切事物。

思想的一侧是投射出来的外部世界——被观察对象，思想的另一侧是被投射的观者，因此思想就得到了可以理解一切事物的力量。

23

尽管思想里充斥了太多的欲望已经变得斑驳迷离，但是思想还在为灵魂工作着，因为思想是在众多力量的联合下运作的。

思想里聚集了许多不同的东西，因此它就无法为自己工作了。使世界组成一个整体的一切事物同时又有要组合的对象，为了让组合进行下去，还需要第三种物质。因此思想的组合体是为灵魂服务的。

24

对于有辨别力的人来说，不会将思想认作灵魂（Atman）。通过分辨，瑜伽士明白灵魂不是思想

25

然后，专注于分辨的思想达到它原有的解脱状态。

练习瑜伽可以获得敏锐的辨别力和清晰的视野。遮在眼前的面纱掉落了，我们可以看到事物本来的面目了。我们发现自然界是混合而成的，它向灵魂这个目击者展示着全景，物质世界不是万物之主，组成物质世界的万物仅仅是为了向灵魂这位内在的加冕之王展示全景。当经过长期的练习得到了敏锐的分辨力时，恐惧就消失了，思想达到了解脱自在的境地。

26

出现的想法是障碍，它们来自于印象。

所有出现的各异的想法都是达到至善境界的障碍，因为这些想法让我们相信需要借助外界事物来让我们感到幸福。灵魂的本性就是幸福快乐的。但是知识被过去的印象遮蔽了，过去的印象只有靠自己才能发挥作用。

27

摧毁它们的方式同前面提到过的摧毁无明、自我意识等的方式是一样的。

28

甚至当获得了关于本质的正确辨别知识时，瑜伽士会放弃这些成果，最终因为达到了完美的主宰而拥有了“美德之云”（Cloud of virtue）的三摩地状态。

当瑜伽士获得了敏锐的辨别力时，我们在上一章中提到过的所有力量都会蜂拥而至，但是真正的瑜伽士会拒绝这些力量。他所得到的是一种被称作“法云”（Dharma Megha）、“美德之云”的特别的知识、一种特殊的光芒。被载入史册的世界上所有伟大的先知们都拥有“美德之云”。他们本身就有知识的完整基础。真理对他们来说就是千真万确的。在他们拒绝了那些浮华的力量之后，和平、安宁、完美无瑕就会成为他们的本性。

29

拥有了美德之云，痛苦和业力就会望而却步。

拥有了美德之云就不会害怕失败，没有什么可以阻止瑜伽士前进的脚步。对他来说，世上不再有邪恶；也不再有痛苦。

30

去除了遮盖和杂质后，知识变成无限的，可知的世界就变小了。

知识本身就在那里，它的遮盖物没有了。有一篇佛教经文把佛（佛指的是一种境界）定义成犹如天空一样无限丰富的知识。耶稣拥有了无限的知识就成了上帝。你们所有的人都会达到那种境界。知识变得无限丰富，可知的世界变小了。包含所有知识的整个宇宙在灵魂面前变得非常渺小。普通人会认为自己很渺小，因为在他们看来需要知道的事情是无限的。

31

于是有关品质的接连不断的转变就结束了，因为它们的轮回走到了尽头。

于是品质从一个物种到另一个物种的所有转变就永远结束了。

32

变化是存在于一个个片刻里的，这些变化也只有在结束（一系列变化结束）的时候才能被觉察出来，这就是变化的连续不断性。

巴坦加利在这里这样定义“连续不断”：在一个个片刻里存在着变化。当我思考的时候，许多个片刻流逝了，在每一个片刻里都有思想的变化，但是我只能注意到在这一系列变化结束时的想法，这就是所谓的连续不断。但是对于能认识到所有想法的思维来说就不存在什么变化了，一切对它来说都是当下，对它来说也只有当下存在，过去和将来都消失了。时间被控制在了静止状态，所有的知识只存在于当下那一秒，所有的东西都在那一瞬间被觉察到了。

33

品质逆向而行，丧失了为灵魂工作的动力，造成的结果是解脱（Kaivalya），或者说解脱是知识的力量在其本性上建立的。

本性的任务已经完成了，如护士般可爱的本性把这个无私的任务都加在了自己身上。她温柔地托起忘了自我的灵魂，把宇宙中所有的经验和显现都展示给灵魂看，带着灵魂在不同的身体里自下而上地经历，直到灵魂找回昔日的荣耀，忆起灵魂本来的身份。然后这位善良的母亲回到来时的路，去接引那些同样在荒芜的沙漠中迷失了道路的生命。于是她这样辛劳地工作着，无始无终。就这样，经历快乐和痛苦，经过善良和邪恶，源源不尽的灵魂之河流向至善完美、自我觉悟的海洋。

荣耀属于那些认识到自己本性的人！愿他们祝福我们所有人！

附　录

《瑜伽经》中英文对照

Concentration: Its spiritual uses

第一章 静坐冥想

1. Now concentration is explained.

现在开始讲瑜伽。

2. Yoga is restraining the mind-stuff (Chitta) from tak-ing various forms (Vrittis).

瑜伽是控制心念（Chitta），不让它受到其他心念变体 (Vrittis) 的干扰。

3. At that time (the time of concentration) the seer (Purusha) rests in his own (unmodified) state.

当心念专注的时候，真我（Purusha）安住在本然状态。

4. At other times (other than that of concentration) the seer is

identified with the modifications.

否则（不专注的时候），我们便会受到心念变体的干扰。

5. There are five classes of modifications, (some) painful and (others) not painful.

有五种思想干扰物，有一些引发痛苦，有一些则不会。

6. (These are) right knowledge, indiscrimination, verbal delusion, sleep, and memory.

它们分别是正知、谬误、分别、睡眠和记忆。

7. Direct perception, inference, and competent evidence are proofs.

直接认知，推论加上有效的证词就构成了正知。

8. Indiscrimination is false knowledge not established in real nature.

谬误是没有建立在真正天性基础上的错误的知识。

9. Verbal delusion follows from words having no (corresponding) reality.

分别源于那些不对应现实的话。

10. Sleep is a Vritti which embraces the feeling of voidness.

睡眠是包含了空性的一种心念变体。

11. Memory is when the (Vrittis of) perceived subjects do not slip away (and through impressions come back to consciousness.

当感觉到的东西（的心念变体）没有被大脑遗忘（并通过印象又回到你的意识之中时），就产生了记忆。

12. Their control is by practice and non-attachment.

这些心念变体通过修行和不执着可以控制它们。

13. Continuous struggle to keep them (the Vrittis) perfectly restrained is practice.

修行就是持续努力，完美地控制心念变体。

14. It becomes firmly grounded by long constant efforts with great love (for the end to be attained).

心怀对最终目标的热爱，长期坚持不断的努力，这样，修行的基础就会稳固。

15. That effect which comes to those who have given up their thirst after objects, either seen or heard, and which wills to control the objects, is non-attachment.

不执着是指对看到的或听到的事物无所求，放下控制的欲望。

16. That is extreme non-attachment which gives up even the qualities, and comes from the knowledge of (the real nature of) the Purusha.

不执着发展到最高境界后，甚至放弃了对“德”的渴望，展现了真我的真实本质。

17. The concentration called right knowledge is that which is followed by reasoning, discrimination, bliss, unqualified egoism.

所谓正知的专注伴随着推理、分别、极乐和完全的自我。

18. There is another Samadhi which is attained by the constant practice of cessation of all mental activity, in which the Chitta retains only the unmanifested impressions.

还有一种三摩地，是通过不断修行，暂停了所有的脑力活动，使心念只保留未显化的印象而得到的。

19. (This Samadhi when not followed by extreme non-attachment) becomes the cause of the re-manifestation of the gods and of those that become merged in nature.

这个三摩地，如果没有不执着做基础，就会成为众神再现和众神与物质世界相结合的原因。

20. To others (this Samadhi) comes through faith, energy, memory, concentration, and discrimination of the real.

对其他人来说，这个三摩地是通过信念、能量、记忆、专心和对现实与非现实的区别而实现的。

21. Success is speedy for the extremely energetic.

对那些意愿强烈的人来说，进入这种三摩地是很快的。

22. The success of Yogis differs according as the means they adopt are mild, medium, or intense.

瑜伽士们因采取的方式或温和、或中等、或极端而各不相同，其成功也各异。

23. Or by devotion to Ishvara.

这种三摩地也可以通过对自在天的信仰而实现。

24. Ishvara (the Supreme Ruler) is a special Purusha, untouched by misery, actions, their results, and desires.

自在天（最高统治者）是一种特殊形式的真我，不会被悲伤、行动及其后果和欲望所影响。

25. In Him becomes infinite that all-knowingness which in others is (only) a germ.

在他人身上只表现为一个胚芽的知识在自在天身上却表现为无限大。

26. He is the Teacher of even the ancient teachers, being not limited by time.

自在天不受时间的限制，甚至是古代先师们的导师。

27. His manifesting word is Om.

表示神的那个词叫 Om。

28. The repetition of this (Om) and meditating on its meaning (is

the way).

重复念诵 Om 这个词，并冥想它所代表的意思，是修行的方法。

29. From that is gained (the knowledge of) introspection, and the destruction of obstacles.

通过反复念诵 Om 及冥想其含义，可以内省并消除障碍。

30. Disease, mental laziness, doubt, lack of enthusiasm, lethargy, clinging to sense-enjoyments, false perception, non-attaining concentration, and falling away from the state when obtained, are the obstructing distractions.

疾病、精神懒惰、怀疑、缺乏热情、无感觉、依赖于感官的享受、错误感知、精神不集中、从获得的状态中退转，这些就是让人分心的干扰因素。

31. Grief, mental distress, tremor of the body, irregular breathing, accompany non-retention of concentration.

悲伤、精神压力、身体发抖以及不规律的呼吸都是伴随着注意力不持久而来的。

32. To remedy this, the practice of one subject (should be made).

要纠正上述的情况，你应该朝着一个特定的目标进行练习。

33. Friendship, mercy, gladness, and indifference, being thought of in regard to subjects, happy, unhappy, good, and evil respectively, pacify the Chitta.

针对高兴或悲伤、善良或邪恶的对象，分别采取友善、慈悲、喜乐和冷漠，这样可以帮助平息心念。

34. By throwing out and restraining the Breath.

通过呼气和控制呼吸，也可以平息心念。

35. Those forms of concentration that bring extraordinary sense–perceptions cause perseverance of the mind.

那些能带来奇特的感官知觉的专注形式，可以带来坚持不懈的心念。

36. Or (by the meditation on) the Effulgent Light, which is beyond all sorrow.

或者（通过冥想）超越悲伤的辉煌之光，也可获得坚持不懈的心念。

37. Or (by meditation on) the heart that has given up all attachment to sense-objects.

或者通过冥想已经放弃对感官享受依赖的圣人的心境，帮助自己坚持下来。

38. Or by meditating on the knowledge that comes in sleep.

通过冥想你梦到的知识，帮助自己坚持。

39. Or by the meditation on anything that appeals to one as good.

或者通过冥想任何可以引人向善的事物，帮助自己坚持。

40. The Yogi' s mind thus meditating, becomes unobstructed from the atomic to the infinite.

通过冥想，瑜伽士的思想已经到了不受小到原子大到无限的任何东西的障碍。

41. The Yogi whose Vrittis have thus become powerless

(controlled) obtains in the receiver, (the instrument of) receiving, and the received (the Self, the mind, and external objects), concentratedness and sameness like the crystal (before different coloured objects).

那些心念变体已经没有力量（被控制住了）的瑜伽士们，在接受者（灵魂）、接受的技能（思想）和接受了的事物（外部对象）这三者之中，获得专注与合一，就如一块水晶对其面前不同颜色物体反射一样。

42. Sound, meaning, and resulting knowledge, being mixed up, is (called) Samadhi with reasoning.

声音、意义和得到的知识综合在一起的三摩地被称为有寻三摩地。

43. The Samadhi called "without question" (comes) when the memory is purified, or devoid of qualities, expressing only the meaning (of the meditated object).

当记忆被净化或者不再有实质，而只表达冥想对象的意义时，我们就进入了无寻三摩地（"无疑问"的三摩地）阶段。

44. By this process, (the concentrations) with discrimination and

without discrimination, whose objects are finer, are (also) explained.

在此过程中，冥想对象更为精微的有伺三摩地和无伺三摩地也得到了解释。

45. The finer objects end with the Pradhana.

最精微的冥想对象是胜因——无上本质。

46. These concentrations are with seed.

这些三摩地都是有种三摩地。

47. The concentration "without discrimination" being purified, the Chitta becomes firmly fixed.

在净化了的无伺三摩地阶段，心念就变得很坚定了。

48. The knowledge in that is called "filled with Truth".

通过无伺三摩地获得的知识被称为"完全真理"。

49. The knowledge that is gained from testimony and inference is about common objects. That from the Samadhi just mentioned is of a much higher order, being able to penetrate where inference and testimony cannot go.

从例证和推论中获得的知识是关于普通的冥想对象的知识。从刚刚提到的三摩地获得的知识是更高阶的知识，这种知识能够跨越推论和例证无法到达的地方。

50. The resulting impression from this Samadhi obstructs all other impressions.

三摩地里得到的印迹遮挡了其他所有的印迹。

51. By the restraint of even this (impression, which obstructs all other impressions), all being restrained, comes the “seedless” Samadhi.

通过压制那个遮挡了其他印迹的印迹，所有的印迹都被压制下去了，我们就获得了无种三摩地。

Concentration: Its practice
第二章 实践锻炼

1. Mortification, study, and surrendering fruits of work to God are called Kriya Yoga.

禁欲、学习和将行动的成果奉献给神，这就是克里亚瑜伽。

2. (It is for) the practice of Samadhi and minimising the pain-bearing obstructions.

克里亚瑜伽的目的是修行三摩地，减少痛苦的障碍。

3. The pain-bearing obstructions are-ignorance, egoism, attachment, aversion, and clinging to life.

引起痛苦的障碍有以下几种：无明、自我意识、执着、厌恶、贪生怕死。

4. Ignorance is the productive field of all these that follow, whether they are dormant, attenuated, overpowered, or expanded.

不管其它障碍是处于休眠状态、削弱状态、被降服的状态、还是扩大的状态，无明都是制造这些障碍的原因。

5. Ignorance is taking the non-eternal, the impure, the painful, and the non-Self for the eternal, the pure, the happy, and the Atman or Self (respectively).

无明就是把无常、不净、痛苦和非我分别误当作永恒、纯净、快乐和真我。

6. Egoism is the identification of the seer with the instrument of seeing.

自我意识为中心就是把观者当成观看的工具。

7. Attachment is that which dwells on pleasure.

执着就是沉迷于那些能够给我们带来快乐的事物。

8. Aversion is that which dwells on pain.

厌恶就是总想那些给我们带来痛苦的事物。

9. Flowing through its own nature, and established even in the learned, is the clinging to life.

即使是在博学的人身上，通过自己本性的流动，也会形成贪生怕死。

10. The fine Samskaras are to be conquered by resolving them into their causal state.

只有找出它们的根源，那些精微的因果业力才会被彻底的征服。

11. By meditation, their (gross) modifications are to be rejected.

通过冥想，思想的波动起伏就会终止。

12. The "receptacle of works" has its root in these pain-bearing obstructions, and their experience is in this visible life, or in the unseen life.

一个人"业力的容器"来自于带来痛苦的障碍，并会在今生或来世结出果实。

13. The root being there, the fruition comes (in the form of) species, life, and experience of pleasure and pain.

只要根源在那里，就会结出果实，果实会以物种、生命、喜乐或痛苦的形式呈现出来。

14. They bear fruit as pleasure or pain, caused by virtue or vice.

善良或者罪恶的行为会结出快乐或者痛苦的果实。

15. To the discriminating, all is, as it were, painful on account of everything bringing pain either as consequence, or as anticipation of loss of happiness, or as fresh craving arising from impressions of happiness, and also as counteraction of qualities.

在有分别心的人看来，一切都是痛苦的，因为所有的事情都会产生痛苦。要么现在的结果是痛苦的，要么忧虑未来，要么因业力而心态消极，还有一部分痛苦是因为人品的反作用力造成的。

16. The misery which is not yet come is to be avoided.

那些还没有到来的痛苦是可以避免的。

17. The cause of that which is to be avoided is the junction of

the seer and the seen.

可以避免痛苦的原因是：观者（Seer）和观察对象（Seen）的结合。

18. The experienced is composed of elements and organs, is of the nature of illumination, action, and inertia, and is for the purpose of experience and release (of the experiencer).

体验对象由各种不同的元素成分和器官元件组成，的大自然以光明、活动、懒惰为特征，大自然是为了让灵魂经历不同的事情而存在着的，它是为了解放灵魂而存在的。

19. The states of the qualities are the defined, the undefined, the indicated only, and the signless.

物质有四种状态：清楚的（具体的元素）、模糊的（难以察觉的元素）、表明的（伟大的智慧）以及无形的（看不见的）。

20. The seer is intelligence only, and though pure, sees through the colouring of the intellect.

观察者指的就是智慧，虽然纯净无瑕，却看穿了智力的染着。

21. The nature of the experienced is for him.

经验的本质是为了灵魂。

22. Though destroyed for him whose goal has been gained, yet it is not destroyed, being common to others.

尽管对那些灵魂已经得到自由的人来说没有了物质世界，但是对其他人来说，物质世界还是普遍存在的。

23. Junction is the cause of the realisation of the nature of both the powers, the experienced and its Lord.

（灵魂和物质世界的）结合是领悟经验对象（物质世界）和经验者（灵魂）这两种力量之本质的原因。

24. Ignorance is its cause.

无明是最主要的原因。

25. There being absence of that (ignorance) there is absence of junction, which is the thing-to-be-avoided; that is the independence of the seer.

没有了无明也就没有了灵魂同物质世界的结合。结合是我们要避免的，无明的消亡也就意味着灵魂的独立。

26. The means of destruction of ignorance is unbroken practice of discrimination.

消灭无明的方法是持续不断地练习辨别能力。

27. His knowledge is of the sevenfold highest ground.

瑜伽士的知识是通过七个至高步骤得到的。

28. By the practice of the different parts of Yogas the impurities being destroyed, knowledge becomes effulgent up to discrimination.

通过练习各种不同的瑜伽，那些不纯净的东西就会被彻底消除，知识变得光芒四射，引领着人们走向拥有辨别的洞察力。

29. Yama, Niyama, Asana, Pranayama, Pratyahara, Dharana, Dhyana, and Samadhi are the eight limbs of Yoga.

持戒、精进、体式、调息、摄心、专注、禅定以及三摩地，是瑜伽的八个分支。

30. Non-killing, truthfulness, non-stealing, continence, and

non–receiving are called Yamas.

持戒就是要做到不杀生、不欺诈、不偷盗、不好色、不贪财。

31. These, unbroken by time, place, purpose, and caste–rules, are (universal) great vows.

这些持戒是不受时间、地点、目的和种姓的影响和破坏的，这些持戒是普世的伟大的誓约。

32. Internal and external purification, contentment, mortification, study, and worship of God are the Niyamas.

精进就是要做到：内心和外在的净化、知足、苦修、学习、虔诚。

33. To obstruct thoughts which are inimical to Yoga, contrary thoughts should be brought.

为了阻止对练习瑜伽有害的想法出现，我们应该引入相反的想法。

34. The obstructions to Yoga are killing, falsehood, etc., whether committed, caused, or approved; either through avarice, or anger, or ignorance; whether slight, middling, or great; and they result in

infinite ignorance and misery. This is (the method of) thinking the contrary.

修练瑜伽的障碍是：杀生、妄语等等的，自己做的，引导别人做的，或是赞成别人做的；不论这些行为是因为贪婪、愤怒、还是无明造成的；也不管这些错误的程度是轻微的、中等的、还是严重的；总之它们造成了人类的无尽的无明和痛苦：这就是反向思维的方法。

35. Non-killing being established, in his presence all enmities cease (in others).

当瑜伽士坚持不杀生时，所有的敌意在他面前也望而却步。

36. By the establishment of truthfulness the Yogi gets the power of attaining for himself and others the fruits of work without the works.

当内心中充满真理时，瑜伽士就会拥有了这样的能力，让自己和别人都能在不造作的情况下得到业的果实。

37. By the establishment of non-stealing all wealth comes to the Yogi.

当内心中没有了偷盗别人财物的想法时，所有的财富都向瑜伽士涌来。

38. By the establishment of continence energy is gained.

做到了洁身自好，瑜伽士就会得到无穷的能量。

39. When he is fixed in non-receiving, he gets the memory of past life.

当瑜伽士做到了不贪时，他就拥有了对过去生活的记忆。

40. Internal and external cleanliness being established, there arises disgust for one’s own body, and non-intercourse with others.

当他的身心都保持纯净时，他会抽离自己的身体，并且厌弃与他人的亲密接触。

41. There also arises purification of the Sattva, cheerfulness of the mind, concentration, conquest of the organs, and fitness for the realisation of the Self.

瑜伽练习能够带来悦性的净化、思想的愉悦、精力的集中、器官的征服，以及自我实现所需要的健康。

42. From contentment comes superlative happiness.

极乐来自于知足的心情。

43. The result of mortification is bringing powers to the organs and body, by destroying the impurity.

通过消灭瑕疵，苦修给感官和身体带来力量。

44. By repetition of the Mantra comes the realisation of the intended deity.

重复的念咒语能够使你与天神合一。

45. By sacrificing all the Ishvara comes Samadhi.

三摩地是与自在天合一产生的。

46. Posture is that which is firm and pleasant.

瑜伽的体式是稳固且愉悦的。

47. By lessening the natural tendency (for restlessness) and meditating on the unlimited, posture becomes firm and pleasant.

通过控制不安和冥想，可以使姿势稳固、舒适。

48. Seat being conquered, the dualities do not obstruct.

练就了舒适的姿势，事物的二元性就不会作为障碍出现了。

49. Controlling the motion of the exhalation and the inhalation follows after this.

练好了姿势，接下来就该练习控制呼气和吸气了（即调息）。

50. Its modifications are either external or internal, or motionless, regulated by place, time, and number, either long or short.

调息包括三个方面，即内部的、外部的或静止的；调息受地点、时间、数量的控制；而且，呼吸可长可短。

51. The fourth is restraining the Prana by reflecting on external or internal object.

第四种调息是通过把普拉那集中于外部或内部的对象来控制住普拉那。

52. From that, the covering to the light of the Chitta is

attenuated.

这样一来，心念光芒上的遮盖物就被削弱了。

53. The mind becomes fit for Dharana.

思想就会实现专注。

54. The drawing in of the organs is by their giving up their own objects and taking the form of the mind–stuff, as it were.

摄心，是各感官放弃自己的感知对象，收摄回来表现为心灵素材的形式。

55. Thence arises supreme control of the organs.

这样就达到了对感官的最高控制。

Powers
第三章 禅定力量

1. Dharana is holding the mind on to some particular object.

专注就是把思想集中在一些特定的物体上。

2. An unbroken flow of knowledge in that object is Dhyana.

能够持续地关注某一事物时，就是进入禅定了。

3. When that, giving up all forms, reflects only the meaning, it is Samadhi.

当冥想时，放弃了所有的形式，只注重意义时，这就是三摩地。

4. (These) three (when practised) in regard to one object is Samyama.

上述这三种状态（专注，禅定，三摩地）合为一体时就是三夜摩。

5. By the conquest of that comes light of knowledge.

拥有了三夜摩，知识的光芒也就出现了。

6. That should be employed in stages.

三夜摩应该分阶段地练习。

7. These three are more internal than those that precede.

这三条（专注，禅定，三摩地）比前面提到的那些更注重精神的东西。

8. But even they are external to the seedless (Samadhi).

这三者也只是无种三摩地的外在境界。

9. By the suppression of the disturbed impressions of the mind, and by the rise of impressions of control, the mind, which persists in that moment of control, is said to attain the controlling modifications.

通过压制干扰思想的印迹和控制思想的产生，据说，处于控制中的思想就获得了控制性的改变。

10. Its flow becomes steady by habit.

通过练习形成习惯后，思想的流动会变得越来越稳定。

11. Taking in all sorts of objects, and concentrating upon one object, these two powers being destroyed and manifested respectively, the Chitta gets the modification called Samadhi.

接受形形色色的物体和只专注于一个物体上这是两种不同力量，如果破坏前者的力量，而显现后者的力量，心念获得的改变被称作三摩地。

12. The one-pointedness of the Chitta is when the impression that is past and that which is present are similar.

心念专注一处是当过去的印象和现在的印象合而为一时获得的。

13. By this is explained the threefold transformation of form, time and state, in fine or gross matter and in the organs.

这里解释了在精微或粗糙物质和器官中跟形式、时间和状态有关的三重变化。

14. That which is acted upon by transformation, either past, present, or yet to be manifested is the qualified.

不管是在过去还是现在受到变化影响的，或未来将会显现出来的物质，都是受限的物质。

15. The succession of changes is the cause of manifold evolution.

持续的变化导致了多种多样的进化。

16. By making Samyama on the three sorts of changes comes the knowledge of past and future.

在三种变化的基础上练习三夜摩就可以获得过去和将来的相关知识。

17. By making Samyama on word, meaning and knowledge, which are ordinarily confused, comes the knowledge of all animal sounds.

在单词、意义、知识这三个通常是混淆的东西上练习三夜摩，就可以听懂所有动物发出的声音了。

18. By perceiving the impressions, (comes) the knowledge of

past life.

通过感知印象就可以掌握有关前世的知识。

19. By making Samyama on the signs in another’s body, knowledge of his mind comes.

对别人身体的记号练习三夜摩的话，就可以了解那个人的思想。

20. But not its contents, that not being the object of the Samyama.

但不能了解思想的内容，因为那不是三夜摩的练习对象。

21. By making Samyama on the form of the body, the perceptibility of the form being obstructed and the power of manifestation in the eye being separated, the Yogi’s body becomes unseen.

对身体的外形练习三夜摩，能够阻止感知形状的能力，隔离眼睛的成像能力，瑜伽士的身体就隐形了。

22. By this the disappearance or concealment of words which are being spoken and such other things are also explained.

用这种方式也可以解释为什么瑜伽士说出的话会消失或者不被人听见，以及其他种种类似的事物。

23. Karma is of two kinds--soon to be fructified and late to be fructified. By making Samyama on these, or by the signs called Arishta, portents, the Yogi know the exact time of separation from their bodies.

业力分为两种：有的会很快就结果，有的要等到以后才能结果。对业力练习三夜摩，或者是对被称作预兆的符号练习三夜摩，瑜伽士就可以知道自己死亡的时间。

24. By making Samyama on friendship, mercy, etc. (I.33), the Yogi excels in the respective qualities.

在友善、慈悲等优秀的品质练习三夜摩，瑜伽士在这些方面可以具有相应的品质。

25. By making Samyama on the strength of the elephant and others, their respective strength comes to the Yogi.

对力大无比的大象以及其他的动物练习三夜摩时，瑜伽士就可以拥有这些动物所具有的力量。

26. By making Samyama on the Effulgent Light, comes the knowledge of the fine, the obstructed, and the remote.

对闪耀的光芒练习三夜摩，可以知道精微的事物，隔绝的事物和遥远的事情。

27. By making Samyama on the sun, (comes) the knowledge of the world.

对太阳练习三夜摩，可以知道世界所有的知识。

28. On the moon, (comes) the knowledge of the cluster of stars.

对月亮练习三夜摩，可以知道关于星际的知识。

29. On the pole-star, (comes) the knowledge of the motions of the stars.

对北极星练习三夜摩，可以知道有关星体运动的知识。

30. On the navel circle, (comes) the knowledge of the constitution of the body.

对脐轮练习三夜摩，可以知道身体构造的知识。

31. On the hollow of the throat, (comes) cessation of hunger.

When a man is very hungry, if he can make Samyama on the hollow of the throat, hunger ceases.

对喉轮练习三夜摩，可以知道如何停止饥饿的感觉。

32. On the nerve called Kurma, (comes) fixity of the body. When he is practising, the body is not disturbed.

对库尔玛神经练习三夜摩，可以保持身体的稳定性。

33. On the light emanating from the top of the head, sight of the Siddhas.

对头顶散发出的光芒练习三夜摩，可以看到超灵。

34. Or by the power of Pratibha, all knowledge.

或者通过真知的力量，便可获得所有的知识。

35. In the heart, knowledge of minds.

对心灵练习三夜摩，就可以拥有思想的知识。

36. Enjoyment comes from the non-discrimination of the soul and Sattva which are totally different because the latter's actions are for another. Samyama on the self-centred one gives knowledge of

the Purusha.

欢乐来自于灵魂和智慧的无分别，灵魂和智慧是完全不同的。智慧的行动是为了灵魂。对自我中心练习三夜摩，可以获得关于灵魂的知识。

37. From that arises the knowledge belonging to Pratibha and (supernatural) hearing, touching, seeing, tasting and smelling.

由灵魂产生的（超自然的）听觉、触觉、视觉、味觉和嗅觉，是属于真知的知识。

38. These are obstacles to Samadhi; but they are powers in the worldly state.

这些是阻挠三摩地的障碍，但是他们是存在于尘世间的力量。

39. When the cause of bondage of the Chitta has become loosened, the Yogi, by his knowledge of its channels of activity (the nerves), enters another's body.

当造成心念束缚的原因松开后，瑜伽士通过运动神经流的知识可以进入另一个人的身体。

40. By conquering the current called Udana the Yogi does not sink in water or in swamps, he can walk on thorns etc., and can die at will.

当瑜伽士控制了叫做优答那的神经流时，他就不会沉入水中或者陷入沼泽了，他也可以在荆棘上行走，也可以按照自己的意愿安排死亡。

41. By the conquest of the current Samana he is surrounded by a blaze of light.

通过控制沙马那的流动，瑜伽士周身可发出光芒。

42. By making Samyama on the relation between the ear and the Akasha comes divine hearing.

对耳朵和以太的关系练习三夜摩就会拥有超凡的听力。

43. By making Samyama on the relation between the Akasha and the body and becoming light as cotton-wool etc., through meditation on them, the Yogi goes through the skies.

对以太和身体之间的关系练习三夜摩，瑜伽士变得如棉花或者羊毛那样轻盈，他就可以在天空中飞行了。

44. By making Samyama on the "real modifications" of the mind, outside of the body, called great disembodiedness, comes disappearance of the covering to light.

在思想的真变化练习三夜摩，瑜伽士可以离开身体，这被称为出体，自性光芒的覆盖物就会消失不见。

45. By making Samyama on the gross and fine forms of the elements, their essential traits, the inherence of the Gunas in them and on their contributing to the experience of the soul, comes mastery of the elements.

对组成物质的大小元素（也是三德固有的元素）练习三夜摩，也是通过对灵魂的贡献练习，瑜伽士就可以控制所有组成物质的元素了。

46. From that comes minuteness and the rest of the powers, "glorification of the body," and indestructibleness of the bodily qualities.

通过以上的练习，瑜伽士可以随意变小或者变大，获得其它的力量，拥有值得骄傲的身体，和坚不可摧的体质。

47. The "glorification of the body" is beauty, complexion, strength, adamantine hardness.

"值得骄傲的身体"意味着拥有美丽的外表、健康的肤色、强大的力量和坚韧的毅力。

48. By making Samyama on the objectivity and power of illumination of the organs, on egoism, the inherence of the Gunas in them and on their contributing to the experience of the soul, comes the conquest of the organs.

通过对器官在感知目标和获得的知识练习三夜摩，然后对自我意识和自我意识中三德的内在属性练习三夜摩，最后在它们对灵魂体验的贡献上练习三夜摩，瑜伽士就可以控制器官了。

49. From that comes to the body the power of rapid movement like the mind, power of the organs independently of the body, and conquest of nature.

通过这样的练习可以让身体拥有快速运动的力量，速度之快就像思想的运动一样，器官的力量也可以独立于身体，然后还可以征服物质世界。

50. By making Samyama on the discrimination between the Sattva and the Purusha come omnipotence and omniscience.

在能辨别智慧和灵魂区别的基础上练习三夜摩，就可以无所不知、无处不在。

51. By giving up even these powers comes the destruction of the very seed of evil, which leads to Kaivalya.

放弃这些力量就可以摧毁所有罪恶的种子，从而瑜伽士达到了解脱。

52. The Yogi should not feel allured or flattered by the overtures of celestial beings for fear of evil again.

瑜伽士不应该被天人的提议诱惑或沾沾自喜，以免邪恶力量重现。

53. By making Samyama on a particle of time and its precession and succession comes discrimination.

通过对一刹那和它之前之后的时间练习三夜摩，就可以拥有辨别力。

54. Those things which cannot be differentiated by species, sign, and place, even they will be discriminated by the above Samyama.

那些不能按照种类、形状、地点来区分的东西，可以通过上面提到的三夜摩区分开来。

55. The saving knowledge is that knowledge of discrimination which simultaneously covers all objects, in all their variations.

拯救的知识是指分辨的知识，它同时包括了所有物体和物体的所有变化。

56. By the similarity of purity between the Sattva and the Purusha comes Kaivalya.

解脱来自于智慧和灵魂纯净的相似性。

Independence
第四章 解脱自在

1. The Siddhis (powers) are attained by birth, chemical means, power of words, mortification, or concentration.

各种法力对于一些人来说是天生的，还有一些人是通过神奇的化学药物、念诵咒文、苦修、静坐冥想才能获得。

2. The change into another species is by the filling in of nature.

生命从一个物种变成另一个物种，是通过本性的注入。

3. Good and bad deeds are not the direct causes in the transformations of nature, but they act as breakers of obstacles to the evolutions of nature: as a farmer breaks the obstacles to the course of water, which then runs down by its

人类的善举或恶行不是导致本性变化的直接原因，但是他们却能在人类进化的道路上扫除障碍。就像那往前流淌的河流，当农民清除那些阻止水前进的障碍时，水就会按照它原来的流向继续前进。

4. From egoism alone proceed the created minds.

瑜伽士仅从自我意识创造出思想。

5. Though the activities of the different created minds are various, the one original mind is the controller of them all.

尽管这些再造思想的行为各不相同，但是原始思想才是它们的掌控者。

6. Among the various Chittas, that which is attained by Samadhi is desireless.

在众多不同的心念中，只有通过三摩地得到的才是没有欲望的。

7. Works are neither black nor white for the Yogis; for others they are threefold—black, white, and mixed.

瑜伽士的业是非白非黑的（既不是邪恶的也不是善良的），其他人的业有三种：黑的、白的、黑白混合的（善恶兼有）。

8. From these threefold works are manifested in each state only those desires (which are) fitting to that state alone. (The others are held in abeyance for the time being.)

在这三重性质的业力中，只有那些适合自己的环境而存在的欲望才能表现出来。其他的欲望暂时都被搁置了。

9. There is consecutiveness in desires, even though separated by species, space, and time, there being identification of memory and impressions.

欲望是有前后连贯的，尽管它们所属的种类不同、所处的空间不同、时间也不一样，却有着对记忆和印迹的认同。

10. Thirst for happiness being eternal, desires are without beginning.

追求幸福的渴望是永恒的，欲望没有起点。

11. Being held together by cause, effect, support, and objects, in the absence of these is its absence.

欲望是由原因、结果、承载、对象共同组成的，没有它们也就无所谓欲望的存在。

12. The past and future exist in their own nature, qualities having different ways.

过去和未来，按照不同的方式存在于它们各自的本性和品质中。

13. They are manifested or fine, being of the nature of the Gunas.

过去和未来或显现，或以精微的形式存在，三德是它们的本性。

14. The unity in things is from the unity in changes.

事物的统一性来自于变化的统一性。

15. Since perception and desire vary with regard to the same object, mind and object are of different nature.

既然人们对同一个对象的感觉和欲望是不同的，思想和对象的本质也就不同了。

16. Things are known on unknown to the mind, being dependent on the colouring which they give to the mind.

不管事物对思想来说是已知的还是未知的，事物是靠它留给思想的染着而存在的。

17. The states of the mind are always known, because the lord of the mind, the Purusha, is unchangeable.

人的思想状态一直都是可以了解的，因为思想之王，灵魂，是不变的。

18. The mind is not self-luminous, being an object.

思想作为一个对象时是不会自己发光的。

19. From its being unable to cognize bot the same time.

思想不能同时意识到两样事物，因为思想本身是不会发光的。

20. Another cognizing mind being assumed, there will be no end to such assumptions, and confusion of memory will be the result.

如果假设存在另一个思想来感知这一个，那么这种假设就会无止境地进行下去，结果就是造成了一个混乱的记忆。

21. The essence of knowledge (the Purusha) being

unchangeable, when the mind takes its form, it becomes conscious.

知识的本质（即灵魂）是不变的，当思想变成灵魂的形式，它就变得有意识了。

22. Coloured by the seer and the seen the mind is able to understand everything.

在观者和被观察对象（seer and the seen）的影响下，思想能够理解一切事物。

23. The mind, though variegated by innumerable desires, acts for another (the Purusha), because it acts in combination.

尽管思想里充斥了太多的欲望已经变得斑驳迷离，但是思想还在为灵魂工作着，因为思想是在众多力量的联合下运作的。

24. For the discriminating, the perception of the mind as Atman ceases.

对于有辨别力的人来说，不会将思想认作灵魂。

25. Then, bent on discriminating, the mind attains the previous state of Kaivalya (isolation).

然后，专注于分辨的思想达到它原有的解脱状态。

26. The thoughts that arise as obstructions to that are from impressions.

出现的想法是障碍，它们来自于印象。

27. Their destruction is in the same manner as of ignorance, egoism, etc., as said before.

摧毁它们的方式同前面提到过的摧毁无明、自我意识等的方式是一样的。

28. Even when arriving at the right discriminating knowledge of the essences, he who gives up the fruits, unto him comes, as the result of perfect domination, the Samadhi called the cloud of virtue.

甚至当获得了关于本质的正确辨别知识时，瑜伽士会放弃这些成果，最终因为达到了完美的主宰而拥有了“美德之云”的三摩地状态。

29. From that comes cessation of pain and works.

拥有了美德之云，痛苦和业力就会望而却步。

30. The knowledge, bereft of covering and impurities, becoming infinite, the knowable becomes small.

去除了遮盖和杂质后，知识变成无限的，可知的世界就变小了。

31. Then are finished the successive transformations of the qualities, they having attained the end.

于是有关品质的接连不断的转变就结束了，因为它们的轮回走到了尽头。

32. The changes that exist in relation to moments and which are perceived at the other end (at the end of a series) are succession.

变化是存在于一个个片刻里的，这些变化也只有在结束（一系列变化结束）的时候才能被觉察出来，这就是变化的连续不断性。

33. The resolution in the inverse order of the qualities, bereft of any motive of action for the Purusha, is Kaivalya, or it is the establishment of the power of knowledge in its own nature.

品质逆向而行，丧失了为灵魂工作的动力，造成的结果是解脱，或者说解脱是知识的力量在其本性上建立的。

图书在版编目 (CIP) 数据

现在开始练习瑜伽:《瑜伽经》权威解释 / (印) 辨喜著; 冀文珍译.
—北京: 中国华侨出版社, 2008.10 (2020.10 重印)

ISBN 978-7-80222-726-2

Ⅰ. 现… Ⅱ. ①辨…②冀… Ⅲ. 瑜伽术 – 基本知识 Ⅳ. R214

中国版本图书馆 CIP 数据核字 (2008) 第 138669 号

现在开始练习瑜伽:《瑜伽经》权威解释

著　　者 /(印) 辨喜
译　　者 / 冀文珍
责任编辑 / 王　晖
版式设计 / 肖惠之
经　　销 / 新华书店
开　　本 / 889 毫米 ×1194 毫米 1/32 印张 /8 字数 /200 千字
印　　刷 / 三河市祥达印刷包装有限公司
版　　次 / 2008 年 10 月第 1 版　2020 年 10 月第 2 次印刷
书　　号 / ISBN978-7-80222-726-2
定　　价 / 48.00 元

中国华侨出版社 北京市朝阳区西坝河东里 77 号楼底商 5 号 邮　编: 100028
法律顾问: 陈鹰律师事务所
发行部: (010) 64443051　　传　真: (010) 64439708
网　址: www.oveaschin.com　　E-mail: oveaschin@sina.com